Dieter Sperl · Von hier aus

Dieter Sperl

Von hier aus

Diary Samples

RITTER LITERATUR

Gedruckt mit freundlicher Unterstützung von:

Amt der Steiermärkischen Landesregierung,
Referat für Kultur, Wissenschaft und Forschung

ISBN 978-3-85415-481-5

© 2012 Ritter Verlag, Klagenfurt und Graz
Lektorat: Paul Pechmann
Umschlagbild: © Dieter Sperl
Herstellung: Ritter, Klagenfurt

„Was bist du bereit dir vorzustellen?"
„Einen Traum, der zu sich selbst erwacht."
„Warum sollte ich wach sein, wenn die Zeit wie ein Blitz vergeht?"

Nach dem zeitigen Aufwachen dachte ich: Auf keinen Fall an die gestrigen *Lebensfahrgemeinschaften* anschließen – Glockengeläute zu Allerheiligen, es ist sieben Uhr in der Früh, leichter Regen, Wind von Norden her kommend –, haben sich alle aus jenem mich am Vortag *überzeugend* durch den Tag manövriert habenden Bewusstsein zurückgezogen.

Die Bestandteile des so genannten gesellschaftlichen Lebens brechen auseinander, *das ist der Tod*, denke ich, die Sinnhaufen, die man sich das ganze Leben lang angehäuft hat, werden einfach abgefackelt.

Frau Navratil am Bahnhof von Z. an einem klirrend kalten Tag. Jeder Gesichtsausdruck gewinnt immer mehr an Klarheit, die eine um sich greifende Ausgelassenheit und einen tief entschlossenen Ernst besitzt, als ob meine Hände von selbst fliegen könnten und mit dem Körper eine Reisegemeinschaft bildeten.

Als ich vor Jahren eine Verhaltenstherapeutin aufsuchte, wollte ich von ihr, dass sie mich *zu einem glücklichen Menschen umprogrammiert*, was ihr vermutlich auch gelungen wäre, hätte ich nur eine deutlichere Vorstellung davon gehabt. Deshalb musste ich den unter meinem Namen eingeschlagenen Weg fortsetzen.

Mach jede Bewegung zu deinem ganzen Ausdruck.

Jeder Augenblick, der auf mich zutritt, ist noch nie gelebt worden zuvor, solcherart frei von Vorstellungen und zugleich ewig während.

(wenn ich dich verliere, langsam)

Unterschiedliche Aggregatzustände: Flüssige Geschichten, hölzerne Gedanken, Wörter aus Stein, dichte Gewebe, Sätze, die als Zuschauer applaudieren...

Der in Peru geborene hohe Initiierte K'anchaq Uma Juan sagte, dass auch unsere Emotionen Lebewesen seien, die ihre Freunde hätten, ihre Familie, und es seien dies Kräfte, die in uns aufträten, sich entwickelten oder auch nicht. Emotionen könnten wachsen und sich dabei verändern, denn es seien dies Wesenheiten, die zu einem ganz bestimmten Zweck erschaffen würden. Es gäbe Momente, in denen sich solche Wesenheiten befreiten und über die jeweiligen Menschen zu herrschen begännen. Damit finge die eigentliche Katastrophe erst an.

Dieses Sein und dieses Wollen sind eins.

Gegenwärtigkeit erzeugt jene Verbundenheit und Freiheit, in welcher man einen fremden Menschen anschaut und plötzlich Teil einer anderen Geschichte zu werden vermag, sich glücklich, offen und frei fühlt und nicht mehr hineingezwängt in das eigene Lebenskonzept, das sich täglich von neuem aufführen muss.

Den ganzen Schwindel der laufenden Selbsterregungen durchschauen.

Du bist jetzt bloß hier, weil du keine anderwärtig eindeutig ausgerichteten Handlungsmuster besitzt, und das ist schön so, auf diese Weise nämlich komme ich ins Spiel und bin froh und glücklich zugleich. Denn jetzt hängt die Entscheidung für das Kommende nicht mehr nur von dir allein ab, sie ist nun ein vermehrter Lichtstrahl, der mir ins Gesicht fährt und damit meine vom Himmel aufgezeichneten und in die Gesellschaft hinein veräußerten Gesten mit einem Mal erweitert.

Zum Schluss meiner tiefen Meditation war ich temperamentvoll und unerwartet bei einer Bekannten und deren Mann im Bett aufgetaucht. *Den Menschen die Angst vor dem Sterben nehmen*, dachte ich, während ich mich im schwitzenden rinnenden Rhythmus ihrer beiden Körper bewegte, *denn es ist dies unser Zuhause, in welchem wir unausgesetzt wirken*.

Jeder hat seine Bedeutung zu spielen, die im Grunde seine ganz überwiegende Lebensauffaltung ist. So stehen wir manchmal auf der besonderen Seite der Lebenskraft und winken ausgelassen den vorbei fliegenden Passagierflugzeugen zu.

Dunkelheit / Liebesbriefe / Erinnerungen. Eine Laterne beleuchtet ein paar Meter des zu gehenden Weges. Ein Schamane spricht in meinem Traum (in der kalten Winterluft): *Dieses Sein und dieses Wollen sind eins*.

Viele Schriftsteller haben ein Muster, die Welt zu begreifen, zu erzählen, sie darzustellen, auf sie hinzuweisen, in sie hineinzugehen produziert und dieses auch in unterschiedlichen Dichten veräußert. Durch Koordination und Entwicklung verschiedener Diskurse entsteht etwas gänzlich Neues, das, so vermute ich, sich auch in einem Mehr an Autonomie äußert.

„Die ganze Welt und ich selber kamen mir wunderbar alt und jung vor, Erde und Erdenleben wurden mir plötzlich zum Traum, und es war mir, als sei mir alles ganz leicht verständlich und zugleich wieder völlig unerklärlich." (Robert Walser)

Alles scheint nur solange seinen gewohnten Gang zu gehen, als niemand im Weg steht, der ebenfalls seinen gewohnten Gang gehen möchte, den beide sodann gemeinsam zu sehen bekommen.

In den Sprachakt Kräfte einpflanzen, die in uns eindringen, etwas vertiefen oder in Frage stellen, Kräfte, die uns herausfordern, beflügeln, uns umarmen…

Alle Sätze, die wir miteinander wechseln, sollten nur für diesen Augenblick, jetzt, ihre Gültigkeit haben, und der Grad ihrer Bedeutung sollte sich an der Offenheit, der Beweglichkeit und Leichtigkeit, insgesamt ihrer Freiheit bemessen, die sie erzeugen können.

„Leeres und aufnahmebereites Herz." (Shunryu Suzuki)

An M.: Ich habe mir in den letzten Jahren wesentliche *Anteile meiner Persönlichkeit* bewusst gemacht und diese weiter entwickelt, andere wiederum ziemlich vernachlässigt. Indessen denke ich nun, dass ALLES WAS ICH IN GROBEN ZÜGEN ALS INDIVIDUUM BIN die weitere Entwicklungs- und Ausdifferenzierungsreise antreten sollte. Beispielsweise gibt es da Muskeln auf meinem Rücken, ich würde dich bitten, sie in eine Bewegung überzuführen, um meine Seele zu kitzeln, schrieb ich auf ein Blatt Papier, es war November, und dieser Monat gefällt mir fast überall auf der Welt.

Auf einem Hausdach ging ein Schriftsteller zu seiner Lesung. Er sah den Himmel, der leer hing über ihm. Das Publikum klatschte, und der Schriftsteller setzte sich an einen Tisch. Er stellte drei Armbanduhren vor sich auf. Das Publikum klatschte, und der Schriftsteller rückte die Armbanduhren ein wenig von sich weg. Er sah einen weinroten Doppeldeckerbus fieberhaft einen Hang herunterkommen, an dessen Rückseite drei an Stricken angebundene Kühe mitgezerrt wurden. Der Bus gelangte schließlich in eine Ebene, und die Kühe schleuderte es durch die Gegend, in der sie sich ausbreiteten und zugleich auch größer wurden. Der Schriftsteller konnte sie spüren, als striche er mit seinen Fingern über ihr Fell. Er wusste, dass dies der Beginn von Allerseelen war. Und eine alte Frau sagte im Vorbeigehen: „Man muss leider sämtliche Eitelkeiten aufgeben, ansonsten wir in unseren für uns selbst auffälligen Abenteuern umherwandeln."

Sätze kommen und gehen lassen, ihre operationale Effektivität begrüßen.

Keinen Satz wegstreichen, ohne auf ihn je gewartet zu haben.

Der Augenblick anerkennt keine Autorität.

Um halb zwei Uhr in der Früh bin ich durch einen einzigen Trommelschlag geweckt worden.

Es ist scheußlich, wie mich heute eine Lebensangst im Griff hat, die in mich eingedrungen ist und die mich nun zu lähmen versucht.

„Hinter der schlichten und anspruchslosen Weite seiner Gedanken verbarg sich eine jähe und zwingende Tiefe."

Schon der leiseste Gedankenflug kann töten, wenn er nur genug *Kraftkonzentrat* in sicht trägt. Sämtliche Bewusstseinszustände und -kräfte sind sich laufend verändernde Schöpfungen einer kosmischen Ganzheit. Der Schamane ist einer der Meister des Absurden, des Akausalen und Nicht-Objektiven, verkürzt Räume telepathisch und huldigt der Kommunikation mit allem Sein, schreibt der Ethnologe und Psychotherapeut Holger Kalweit.
„Allein die Menschenwesen sind an einem Punkt angelangt, wo sie nicht mehr wissen, wozu sie leben. Sie wissen ihr Gehirn nicht mehr zu gebrauchen und sie haben das geheime Wissen ihres Körpers, ihrer Sinne und ihrer Träume vergessen. Sie machen keinen Gebrauch mehr von dem Geist, der einem jeden von ihnen eingegeben wurde."

Jeder unserer geistigen Filme sollte in präzisen und hochenergetischen Aufträgen operieren.

Es war jemand an der Tür, die der Schriftsteller absperren wollte. Allerdings fand er keinen Schlüssel und hätte sich in Wahrheit auch gar nicht zum Schlüsselloch zu gehen getraut. Schließlich stürzte er überfallsartig zur Tür hin, schrie *Hööhöö* und spuckte mit aller Kraft auf die Glasscheibe, hinter welcher er eine alte ihn anvisierende Frau ausmachen konnte.
Auch hatte er seine Eltern eingeladen. War es ein Künstler-Heim, in dem er da hauste? Damit sie dort vorübergehend gratis wohnen konnten? Es war dem Schriftsteller peinlich, weil seine Eltern, um zu den Duschen zu gelangen, durch das schon sehr alte und ziemlich abgewirtschaftete Haus schlapfen mussten.

Sich keinen Verstiegenheiten überlassen, die man uns später anhängen könnte.

Auch der Regen muss auf Visionssuche gehen.

Und draußen auf den Gehsteigen...
Ich hätte gerne das Geräusch des Schneeschaufelns gehört und war geneigt, zum Fenster hinaus zu blicken, in einen dichten Schneefall hinein, der mich überall hin hätte tragen können. Ein stilles rhombusartiges Sonnenstück erschien an der Wand rechts neben der Tür, das in jenem Moment, als ich es bemerkte, sofort verschwand. Es muss wohl sehr scheu gewesen sein.

Etwas muss immer dabei sein, das wahrhaftig universell über jeden gerade geformten Satz hinaustreibt, eine Art von Leere als Botenstoff, unmissverständlich spürbar, sichtbar in jeder Bewegung, jedem Ausdruck, absolut, offen, beweglich.

„Wenn du jetzt mitgehst, verändert sich dein Leben ausnahmslos."

Der Nachmittag steht ganz im Zeichen der Marille.

Du trägst schon fast jeden Tag eine andere Maske, um schließlich überhaupt nichts mehr zu verbergen, wenn du so weiter machst.

Als der berühmte christliche Zen-Meister Pater Lassalle seinen Zen-Meister, der das Erlebnis der Erleuchtung schon zwei oder drei Jahre nach seinen ersten Exerzitien hatte, fragte, ob man selbst mit Sicherheit feststellen könne, dass man die Erleuchtung erhalten habe, lachte dieser und antwortete: „Selbstverständlich. Man sieht hundertmal mehr als vorher."
In Analogie dazu dachte ich: Zuerst verwendest du eine Kamera mit hundert Tausend Pixels, um ein Bild von der Außenwelt anzufertigen. Dann bekommst du eine, die bereits vier

Millionen Pixels zur Verfügung hat. Genauer gedacht müsste der Satz allerdings lauten: Zuerst bist du eine Kamera mit hundert Tausend Pixels, alsdann eine, der plötzlich vier Millionen Pixels zu Eigen sind.
Dazu der Neo-Konfuzianist und Rinzai-Zen-Meister Kôsen Imakita: „...ich war wie tot...ein unbegrenztes Licht strahlte in mir...wie einer, der von den Toten auferstanden ist...da verstand ich alles..." Oder auch Dôgen Zenji, der erste Patriarch des Zen-Buddishmus: „Leib und Seele sind mir ausgefallen."
In einer so genannten Erleuchtung ist folglich alles, was den Menschen ausmacht, verschwunden, und es strahlt ein als unbegrenzt wahrgenommenes Licht. Es wird gesagt, dass sich in solchen Momenten *die ursprüngliche Gestalt des Menschen* zeige. Sie ist ein Erlebnis des Absoluten und Unbegrenzten.
Wie dies allerdings vorherrschend ausformuliert wird, hängt von der *Artikulations-* und aus der spezifischen Kultur kommenden *Konstruktions-* und damit einhergehend der *Rezeptionsfähigkeit* des einzelnen ab. „Die Erleuchtung kann an sich jeder Mensch haben, wenn er nur den richtigen Weg dazu geht. Sie ist in sich weder buddhistisch noch christlich noch mit einer anderen religiösen Erkenntnis notwendig verbunden. [...] Die Erleuchtung ist die Inbesitznahme einer geistigen Kraft, die jeder Mensch in sich hat, die ihm aber bisher verborgen war und daher nicht zur Verfügung stand. [...] Jeder benutzt dieselbe Kraft und vertieft und verstärkt damit seine Weltanschauung. Oder aber auch die Erleuchtung ist eine Intuition, eine intuitive Einsicht in den Wert unseres eigenen geistigen Wesens, ein Innewerden unserer eigenen Wirklichkeit..."

Heute morgen ziemlich erschlagen aufgewacht. Eine gute Freundin von mir hatte im Traum etwas Marihuana in ihrem Hosensack, von dem sie hin und wieder naschte.

Ein Witz befreit mich momentlang von den Logiken der mir entgegenkommenden oder mich begleitenden Sach- und Verhaltensaufführungen, und für einen Augenblick befinde ich mich dann *beinahe in einer Freiheit aufgehoben?* Alle Programme wären ausgefallen, niemand dächte an Havarie, ich befände mich im unendlichen Weltraum und hätte keine Angst, die in eine Zukunft dächte, und könnte mein Gesicht sorgenlos dem Wind anvertrauen? Oder alles wäre sich selbst anvertraut? Oder ich kapiere einfach nichts, und wieder tritt irgendein Programm aus dem wesentlichen Himmel europäischer Überzeugungen direkt in mich hinein, reißt mir die Hose runter und nimmt mich einfach, was möglicherweise sozialisationsgeschichtlich gesehen nicht allzu schwer erklärbar wäre, hätte man mehr Daten von mir?

Der Schriftsteller hatte begonnen, alle seine bisher getätigten Aufzeichnungen immer wieder zu lesen, weil er mit seinen darin verwendeten Ausdruckskräften unzufrieden war. Er arbeitete ausschließlich an sehr kleinen Sequenzen. Der Schriftsteller schrieb: *Haus der Künstler* in Maria Gugging. Zwei in den Winter geschickte Tennisplätze. Nach einer kurzen Pause fügte er hinzu: Tennismeisterschaften für offenes Bewusstsein.

Ich bilde mit mir zusammen ein Ereignis, das aus der Leere kommt und eine bestimmte historische Wirklichkeit durchmisst, bevor es sich wieder gänzlich zurückzieht.

„Im März 1975 forderte der Tham, der Vater des Kronprinzen Ghazanfar Ali, Ibrahim auf, für ihn zu tanzen und in die Ferne zu schauen."

Mit nur wenigen Strichen auf einem Blatt Papier ein Gesicht erscheinen zu lassen, das von uns sogleich veröffentlicht wird, um sich Sekundenbruchteile später wieder zu verflüchtigen.

Walter Schachner, der Trainer des Fußballvereins Grazer AK, hat nach der 0:3 Niederlage gegen die Glasgow Rangers behauptet, dass seine Mannschaft, auch nach internationalen Maßstäben, bis zum ersten Gegentor eine wirklich reife Leistung geboten hätte. Allerdings hätte sich im Anschluss daran *Klasse und Qualität durchgesetzt*. Der GAK hätte nur dann eine wirkliche Chance gehabt, hätte er sein Spiel über die gesamte Spielzeit hinweg durchziehen können.

Es ist jetzt Nachmittag, ein Tier geht die Landschaft ab, mit nacktem Oberkörper, mit den Falten, die vom Gesicht herabfallen, mit der Luft, die brüchig geworden ist, zweitausendzweiundzwanzig Sommertage noch.

Die diese Grenze schützen, mögen den Mond nicht, nicht die Sterne.

Der Schriftsteller hatte letzte Nacht einen Traum, in dem er eine Erleuchtung hatte. Zu sich selber sprach er: Das ist jetzt eine Erleuchtung. Zugleich fühlte er einen warmen Fluss, der durch ihn hindurch strömte und sich ausbreitete. Dabei wusste er augenblicklich, dass die Erleuchtung dem Körper entsprungen sein musste.

An die Zeit meines Vaters: Ich musste fünfzehn oder sechzehn gewesen sein, und mein Bauch hing bis zum Boden, wo die Zypressen wohnten, und ein Bauer im Kittel lief vorüber...

...dieses wilde ansatzlose Erzählen.

„Beckett bat mich, in seinem Teich zu fischen." (William Burroughs) Ich aber las: Beckett bat mich, in seinem Traum zu fischen.

Der Bestsellerautor und Begründer der *Neuroassoziativen Konditionierung* Anthony Robbins erzählte in einem seiner Bücher, dass der Basketballspieler Larry Bird von den Boston Celtics für einen Werbespot springen und einen Fehlwurf vortäuschen sollte, neun mal hintereinander den Korb traf, bevor er sich dazu durchringen konnte, danebenzuzielen.

Das Gehirn ist wesentlich mehr an Wechsel und Bewegung interessiert als an statischen Phänomenen.

Im Bann der Society-Prominenz lassen sich immer mehr Durchschnittsbürger in neue Lust- und Erkenntnismodelle einüben.

Ich befinde mich immer im Jetzt, auch wenn mir die Vergangenheit oder die vorausgetragene Zukunft oftmals einen Vogel auf den Kopf gesetzt hat, erscheine ich permanent am Ausgang einer Höhle, die im Halbdunkel hinter mir liegt, und wenn der marokkanische Zen-Meister Claude Durix von seinem Meister Sengoku Roshi eines Abends im Kloster Obaku-San Manpuku-ji eine Schriftrolle geschenkt bekommen hat, auf welche zwei Fische gezeichnet sind, heißt das: Augen offen halten, sich niemals rückwärts bewegen, praktisch nie schlafen, zwei Fische, die dem Geschenk des Lebens in ihrer absoluten Wachheit keine Richtung geben.
Claude Durix erzählte diesbezüglich, sein Meister habe in einem Gespräch einmal gemeint, er solle sich, soweit es ginge, keine Sorgen machen, einfach im Augenblick leben, welcher unendlich sei, auch wenn die Zeit wie ein Blitz verginge. Alles,

was gesagt worden sei, und alles, was noch gesagt werden würde, besäße weder Raum noch Zeit, es befände sich im inneren Leben, welches keine Grenzen kenne, in diesem Inneren, jetzt, das niemals zu hoch gegriffen sei.

Du kannst auf nichts zurückgreifen, wenn du jetzt alleine bist.

Den Sturm
treibt kein Verhängnis zur Eile

Im Traum von letzter Nacht wollten mich zwei mir bekannte Lehrerinnen besuchen. Es war ein schöner Tag, als sie die staubige Hauptstraße verließen und fortan einen schmalen Weg weiter gingen. Schließlich kamen sie zu einem großen Backsteinhaus, in welchem ich wohnte. Dieses befand sich inmitten einer recht kleinen Stadt, gleichzeitig auch außerhalb davon. Es stand auf einem Hügel, und unweit davon entfernt konnte man viele Häuschen sehen. Als die beiden das Haus betraten, verwandelte es sich umgehend in ein Schulgebäude, in dem unzählige Tafeln herumstanden. Auf einer dieser Tafeln, die allesamt sehr schön geschmückt waren, war in großen Lettern geschrieben: Nur für Anfänger!

Es regnete in langen Strichen, als hätte ich absichtslos das Universum geküsst, und alle meine besonderen Interessen waren plötzlich in einen Schweigemarsch getreten.

Leider ist mir heute nur eine Ahnung von meinen Träumen geblieben, eine Stimmung, Strömung, *entrückte Wege am Horizont*, etwas, das gerade um die Kurve ist, ein Regen, der augenblicklich aufgehört hat, und man sieht den leeren und absolut klaren Himmel. Und die jetzt zugänglichen Straßen sind fast menschenleer.

Blumen sammeln an der Donau /
Sehr früh aufstehen /
Gehen /
Atmen /

So viele Dinge sind als Kelche getarnt an uns vorüber gegangen, dachte der Schriftsteller für einen Moment knapp vor Einbruch der Dunkelheit.

Shakyamuni Buddha sagt: „Ohne einen Schritt zu tun, kommen wir bei unserer Bestimmung an."

Alles was sie tun, scheint total durchorganisiert und minuziös geplant zu sein. Sie konsumieren mehr Tiere als alle anderen Fleischfresser zusammen. Das Individuum gilt ihnen nichts, der Superorganismus fast alles. Und sie verständigen sich so unglaublich schnell und *in der Tat unmissverständlich.*
Gewinnfrage: Wer ist diese heimliche Weltmacht auf unserem Planeten?

Die scheinbar gemeinnützige Gedankenkraft meiner Vorfahren drängt manchmal durch meine Anwesenheit, dann kremple ich die Ärmel hoch und nehme *wie ferngesteuert* eine Schaufel in die Hand.

Die Schritte, wo auch immer sie mich hintragen, achtlos und aufmerksam in Schwebe haltend.

Schreiben ist vielleicht die genaueste Bewegung, die am weitesten von mir absieht.

Der Blick in unsere antrainierte Meinung ist so eindeutig definiert, dass wir mögliche Unstimmigkeiten nicht zur Kenntnis nehmen und den Augenschein unterdrücken.

„Hast du dich nicht manchmal nach einer Frau gesehnt, nach Kind und Familie?"
„Zumeist dachte ich *in brennenden Filmausschnitten*, nur hin und wieder gelangte auch ein Weihnachtsabend in mich, damit gleichzeitig ein weicher und lautloser Schneefall, der tatsächlich bis zum heutigen Tag niemals mehr aufhörte. Diese Ahnung einer längst verlorenen Zeit, in welcher Peter Rosegger mit seiner Laterne herum wanderte in einer Winternacht. Im Haus waren alle Lichter an. Die Familie saß beieinander und wartete, obwohl, eigentlich, wenn ich mich recht entsinne, niemand wartete. Wir waren wie die Kerzen am Christbaum, die eine zeitlang zusammen brannten, bis sie – eine nach der anderen –, manche gleichzeitig, verloschen."

Jeder Fernseh-Polizist belebt ununterbrochen seinen glaubhaften Gerechtigkeitssinn durch den Einsatz unvergesslicher Szenen.

„Sorgen kommen nicht als einzelne, sie kommen in ganzen Bataillonen; Gezeitenkräfte, Gebirgsketten, Eiszeiten, überforderte Politiker und Beobachter, und die Apokalypse bringt Blut und Zerstörung auch in die entferntesten Teile der Welt, die wir zu schätzen gelernt haben, seit wir dort unsere exotischen Ferien verbringen."

Fast zwangsläufig bleibt man häufig allein in den internationalen Straßenschluchten und Hotelzimmern, hängt sich Neonreklamen um den Hals und trinkt einen Espresso nach dem anderen.

„Du und ich, wir bilden zusammen ständig ein ernst zu nehmendes Ereignis, wenn wir uns am Marktplatz treffen mit unseren Eigenheimen."

„Aber im Kampf kommen wir letztlich immer in der Gegenwart an, die oftmals als unsere Heimat bezeichnet wird und alle für unser Leben nötigen Kräfte bereithält, auch wenn wir den Kampf verlieren mögen."
„Da schießt einer im Dunkeln einen gewaltigen Pfeil ins Dickicht, nachdem der Räuber längst geflohen ist."

OLD SUN / auch der kalte Winter mit seiner Klarheit und Kindheit / *naseweise*.

Deine Sprache hat schon mehrmals den Bezirk gewechselt, noch ehe du zu sprechen angefangen hast.

Letzte Nacht reichte mir ein Geist seine Hand durch ein ebenerdig gelegenes Küchenfenster. Ich streckte ihm die meinige entgegen, als ich, plötzlich aufgebracht, realisierte, dass ich mich wehren musste, und so sandte ich alle mir möglichen Abwehrkräfte durch meinen rechten Arm, um den Geist zurückzudrängen. Dafür war eine enorme Kraftanstrengung nötig. Vor dem Haus lag ein ausgehöhlter Baumstamm, der mit Wasser angefüllt war und auf dessen Oberfläche ich den Geist erblicken konnte. Solche Baumstämme gab es früher auf dem Land sehr häufig. Sie wurden als Tränken für Kühe und Wild gebraucht. Davor erzählte ich einer Frau, der ich noch niemals zuvor begegnet war, dass ich die Nase meines Großvaters mütterlicherseits erst vor wenigen Minuten angenommen hätte. Es war dies eine große Nase, und ich hatte obendrein einen ziemlich unförmigen und verbeulten Kopf.

Das organisierte Verbrechen kennt heute keine Schlüsselfiguren mehr: Es kommuniziert als fluktuierendes Wesen mit den Aktienströmen internationaler Finanzmärkte.

Der österreichische Kunststaatssekretär sagte in einem Gespräch mit einem Journalisten: Wir haben viele Stipendien, welche die Einsamkeit der Autoren finanzieren, den Zugang zum Arbeitsmarkt jedoch vermögen sie nicht zu regeln.

Winterschlaf aus 20 Schlitten.

Es ist Mitternacht, die Katze geht jetzt spazieren.

... und ich möchte heute *das Fest der willkommenen Erinnerungen feiern*!

Eine geistige Revolution ist keine des Lärms oder der Geschwätzigkeit, sondern eine der Konzentration, der Kontemplation und der ständig größer werdenden Wachheit und Bewusstheit, welche aus der Kraft absoluter Stille genährt wird.

Als Poet kann es dir nicht mehr darum gehen, unsere Kämpfe und Niederlagen, die Siege, Preise, den Applaus, die Toten, die Ausgrenzungen, die Trägheit, die Gier, all unsere Süchte und Abhängigkeiten, unsere Brutalität seit Tausenden von Jahren zu wiederholen.

Gerne würde ich einmal einen Schweigemarsch organisieren. Um zu gehen, zu hören, gemeinsam, zu atmen. Solch eine Demonstration dürfte sich nicht gegen etwas richten, beispielsweise nicht gegen den Lärm der Welt, sondern sie sollte eine *poetische Manifestation* sein, die nicht über den Augenblick hinausreicht.

„Wilde Klarheit" des Artaud'schen Denkens: Dass es in uns viele umherirrende, entfesselte, befreite, sich ständig mit Energie und neuem Saft anreichernde, ungezügelte, brennende, gefährliche, entschlossene und gegeneinander gerichtete Kräfte gibt, vor denen wir uns in Acht nehmen sollten.

Sie hielt vollständigen Blickkontakt.

Der schlechte Umgang auf den Straßen, mit seinen Verführungen, überall ist draußen, sobald du dich bewegst, in einem ziemlich heißen Viertel, alle Anstrengungen, es zu schaffen, für zwei zu arbeiten, es nicht zu schaffen, so herauszukriechen, so dazubleiben.

Und Sie? Wollen Sie tatsächlich Ihren Urlaub mit Leuten verbringen, die es nicht einmal in einen einzigen Vorstand geschafft haben, die noch keine Start-Ups gegründet haben und nirgendwo Aktienmehrheiten besitzen?

Nichts, was hier steht, hat jemals stattgefunden, sondern findet als *Begegnung augenblicklich* statt; es gibt keine andere gerade zugängliche Zeit als diese jetzt.

Ich habe aufgehört, in meinen eigenen Diktaturen zu leben.

Früher oder später bemerken wir, dass uns nichts fehlt.

Nie hätte ich gedacht, dass der Winter noch einmal zurückkehrt, wenn auch vermutlich nur für wenige Stunden. Diese Ahnung einer längst verlorenen Zeit – in der vollständigen Lautlosigkeit und Leichtigkeit herabfallender Schneeflocken – erfüllt mich stets mit großer Freude.

„Sie waren ohne ein Wort gegangen, ausgemerzt und zur Bedeutungslosigkeit verurteilt; sie waren völlig isoliert und, wie abgetretene Geister, nicht einmal mehr für unser Mitgefühl erreichbar." (F. Scott Fitzgerald)

Ich tummle mich noch viel zu oft auf der Bettkante meiner Zurückhaltung.

Fröhliche Pfiffe auf eine Torte gezeichnet.

Oft lange Sekunden betäubt nur Fingerrisse die einzigen Bewegungen

Eigensinnige Reglosigkeit / einen Winter lang

„Wissen ist wie der Wind...hast du es erst einmal, kannst du damit überall hin gehen." (Yellow Horse)

Mein Cousin hat sich in seinem Handy versteckt.

Wörter, Sätze, Geschichten, Gedanken, Einfälle, Träume schließen sich zusammen, vertiefen und befragen sich wechselseitig, schwingen vielleicht eine Zeit lang gemeinsam, stehen auf dem Sprung zu einer Verabredung.
Wer bestimmt die Orte, an denen sie zwischengelagert sind?

Oft wenn ich den Mund auftat, kam heraus, was ich sorglos in mich aufgenommen hatte.

Zwänge durch Wahrnehmen mit deinem ganzen Sein auslöschen.

Was sind die erfolgreichsten Botschaften dieses Jahres, was die erfolgreichsten Adjektive? Und warum?

Vertraue deiner Intuition, denn sie kommt aus dem Größeren. Dieser Satz musste in seiner größtmöglichen Affirmation *in diesem Kontext jetzt* geschrieben werden.

Der klare Verstand, der das Wesentliche stets anstrengungslos trifft.

Das Krankenhaus friert, als ob ein alter Film wiederholt würde.

Das Außergewöhnliche springt aus dem Fluss und bleibt allein.

Der Hund in deinem Traum ist der Hund in deinem Traum, ein Meer von Milliarden Lampen, die an- und ausgehen, während am Horizont die nächsten Wunder vorüberziehen.

Nur an manchen Tagen ist der Himmel vogelfrei.

„Lass uns einsehen, dass Unbesonnenheit uns manchmal schützt, wenn tief bedachte Pläne scheitern, und das lehre uns, dass eine Gottheit unser Schicksal lenkt, ganz gleich wie wir es auch entwerfen." (Shakespeare)

„Welche Städte? Welche Namen? Welches Land?"
„Hier ist kein Land.
Du kommst von irgendwoher.
Du gehst irgendwohin.
Du bewegst dich viel."

Wenn du den letzten Tag verlässt, hast du zwei freie Hände.

Viele Stürme, die ihre Segel zu weit ausspannen, kommen nicht mehr zurück.

Jedes Jahr sterben weltweit eine Million Menschen durch Selbstmord. Kriege und Mord fordern im Vergleich dazu nicht einmal halb so viele Todesopfer. Die Hauptgründe sind Lebensangst und Krankheit. Dabei ist die Einnahme von Gift, Vertilgungsmitteln oder Schlaftabletten die häufigste Todesursache.

„Die Art, wie in den Stadien als auch auf den Straßen Fußball gespielt wird, ist Ausdruck unserer Seele." (Gilberto Gil, brasilianischer Kulturminister und Sänger)

Du möchtest jetzt gerne fortgehen, ohne es zu bemerken.

Überall verknappen die natürlichen Götter. Die Wüsten wachsen. Ereignisse werden aufgerufen.

Scheiterhaufen, *wie ihn meine Mutter zubereitet:*
1 Milchbrot, 1/2 Liter Milch, 2-3 Eier, 1 Prise Salz, 2 Kaffeelöffel Zucker, 1 Briefchen Vanillepulver, 1 kl. Glas Rum.
Eier, Milch, Zucker, Vanillepulver, Rum versprudeln. 1 Lage Milchbrot, 1 Lage Äpfel. Form ausfetten. Rosinen dazu.

Wer kann frei sein von Erwartungen?

„Die Grenze ist das Geheimnis der Erscheinung, das Geheimnis der Kraft, des Glücks, des Glaubens und der Aufgabe, sich als winziger Mensch in einem Universum zu behaupten." (Robert Musil)

Ich kann jederzeit alles denken, ohne zu denken.

...without a moment of hesitation...

Betrachte deine Welt, die Menschen, mit denen du zu tun hast, die Umgebung, die Räume, in denen du dich aufhältst, die Bücher, Fernsehsendungen, sie alle zeigen dir deinen *State of Mind*, deinen Entwicklungsstand, deine Möglichkeiten und Limitationen.

Es verstreichen gerade wieder ein paar unattraktive Momente.

Du lachst. Zehn Uhr dreizehn.

Aufmerksamkeit verbrennt Gegenwart, ohne dass Reste zurückbleiben, die man uns später anhängen könnte.

Die Nacht spricht von der Totalität des Begehrens; in der Nacht spricht die Mentalität des Begehrens.

Ein Tagebuch kann nur davon handeln, sich selbst vollständig zu begegnen.

Die vielen späten Höhepunkte an Dunkelheit und Schmerz.

Aufmerksamkeit ist das Feuer, das unsere Erwartungen verbrennt.

Ein Buch machen bedeutet, dem geistigen Leben in die Augen zu schauen.

Kleine Bahnhöfe, auf denen die Züge der Regionalbahn verkehren.

Es ist das Ziel, mich dem inneren Ursprung der Dinge anzunähern.

Du bist längst schon aus deinem Lebensabstand ausgewandert.

Das Wesentliche am Schreiben ist die Transformation von auftretender Energie.

Keine Kultur wird uns vorwerfen können, dass wir tot sind, weil wir von nun an tanzen werden.

Licht der Kindheit x Licht der Aufklärung = Neuer Mensch

Ganz plötzlich – und ohne dies anderen mitzuteilen – stornierte er seine Flucht in die Einzelbiographie.

Meine Mutter schenkt mir auch heute noch, immer wenn ich zu Besuch komme, ein bis zwei Packungen Kaffee, wie das *in den 70er Jahren in unseren Kreisen so üblich* war.

Wir stehen im Rampenlicht und winken mit allen Facetten.

Ich liebe die absolut klare und feuchte Herbstluft, die im Spätsommer am frühen Morgen über dem Land ruht.

Einige meiner Dämonen sind gestern auf Urlaub gefahren. Hoffe, sie nicht so bald wieder zu sehen.

Du gehörst jetzt schon lange Zeit zu den Aufmerksamkeitsgewinnern.

Entscheidend wird sein, dass die Menschheit einen gewaltigen Zuwachs an Bewusstheit erfährt.

Ein Habicht auf einem Stromkabel.

Sie ist in ihren Bewegungen zuhause in every moment walking without face. *Er hingegen beobachtet seit Jahren den Fluss*, hört dessen Geschichten von Liebe und Verlust und hat nur diese Gegenwart ständiger Veränderung.

Fröhliche Attrappen des Friedens inmitten eines ausgewachsenen Regens. (Aus dem Zugfenster / gestern)

...die Kopfuntersuchungen, von Frauenunterwäsche begleitet, in diesem *Summer of Love,* und ich erwürgte 4-6 Stofftiere...

Mit der neuen Füllfeder erleuchtete Fenster.

Muss die Kekse / zu Weihnachten / im Keller verstecken / 1 Vanillekipferl / 10 Minuten auf dem Hometrainer / Was ist schon ein Vanillekipferl?

Strohhüte sind was für Gärtner und Fremdenlegionäre. Wer hat das noch schnell gesagt?

Leere und sprachlose Sommertage – und der exaltierte Gang eines Kriegers, in dessen Rücken zwei Pfeile stecken.

Ich erinnere mich nicht genau, sieben, acht Jahre mag es wohl her sein, da wandte sich alles, was ich war, und alles, was ich damals hätte sein können, einer Frau zu, die überfallsartig in mein Leben getreten war, kroch ununterbrochen zu ihr hin, manchmal unter einen Tisch hindurch, oder versteckte sich, auf sie wartend, unter einem Autodach, in den Nachtbussen, den lachenden und weinenden Kaufhäusern, schwirrte an heißen Sommertagen durch ausgestorbene und flirrende Straßen, regnete anschließend stundenlang auf meinen Kopf, oder tanzte, jede Bewegung, jeder Satz, der mir von den Lippen tropfte, gleichzeitig viele kleine Kinder, nur als Bild, meine ich, unter einem Vordach, vollständig durchnässte Holzstöße, irgendetwas tanzte und sprang dann zu ihr rüber, auf einen Augenblick, auf eine Tasse Kaffee, schließlich auf noch einen Augenblick, in dem dann auch bereits die Nachbarin in ihren viel zu engen Hosen steckte, um mir, wenn es dieses Geräusch, das zum Kühlschrank gehörte, gab, bis spät in die Nacht hinein etwas von ihrem Mann zu erzählen, den Schwiegereltern oder auch von irgendwelchen Krankheiten. In jener Zeit mochte ich das klare Licht, mochte auch den schwarzen Himmel, der leer hing über mir, meinen Namen nicht kannte, ich aber glaubte zu wissen, wie der Himmel beim Bäcker roch, wie er in den Discotheken tanzte, mochte alle Jahreszeiten und Wetterzustände und mochte sie dann auch wieder nicht, hasste eigentlich den Regen, hasste eigentlich das Licht, den starken Wind. *Es lag stets eine andere Zeit in allen Zeilen, die wir einander schrieben,* und die manchmal aufflogen wie Vögel, wenn man in die Hände klatscht.

Ein ganzer Volksschultag wird dem *Erdapfel* (was für ein schönes Wort!) gewidmet.

Kaputte Kaugummiautomaten.

Niemand sagt von einem Hund, sein Verhalten begünstige die Korruption.

„Unser Wissen ist nichts; wir horchen allein dem Gerüchte." (Ilias)

Jede Handlung steht für sich und bringt sich selbst in ihrer Absolutheit zum Ausdruck.

Sätze führen ein historisch-biografisches Leben. Scheinbar wollen sie stets das Beste für dich, dabei drücken sie oft nur Herrschaftsansprüche aus. Wer weiß schon, woher sie kommen und wozu?

Immer über den Ort, an dem man sich befindet, Bescheid wissen, – *warum man wann und wo ist*, und zugleich auch wieder nicht.

Jeden Buchstaben mit dem ganzen Bewusstsein schreiben.

Melville, großer Kapitän.

Heute viele Einzelheiten, die über die Straßen laufen.

Letztlich drückt *jede Handlung das gesammelte Bewusstsein einer Person* aus.

Tradition ist das Bewahren von Feuer und nicht das Anbeten von Asche. (Werner Gregoritsch, Fußballtrainer)
Asche wird nicht mehr zu Feuerholz, hat Dogen Zenji (gilt postum als der erste japanische Patriarch des Sōtō Zen) gemeint. Die Schriftstellerin Lisa Spalt schrieb mir in einer Mail, dass es sich beim Zitat von Werner Gregoritsch eigentlich um einen Gedanken des Komponisten Gustav Mahler handelt.

Verwunschene Häuser.

Ich bin heute auf einen Vogel getroffen, der meine Natur kannte.

Je mehr du gedenkst, dem Tod davonlaufen zu können, desto überzeugter ist er hinter dir her.

Das Schreiben muss an ein Volk erinnern und nicht an eine Person. Aber natürlich ist jede Person in Wahrheit eine Vielzahl an Völkern.

Du bist stets auch der Hund aus deiner Geburtsstadt, ein leidenschaftlicher Exzess auf eine Holzwand notiert, ein Tanz um eine Frau, bist die große Illusion, eine zu schnelle Handbewegung, viele Deutsch-Hausübungen und nicht nur diese. Alle wissen über dich Bescheid, wo auch immer du hingehst, egal wo auch immer du dich befinden magst, alle wissen Bescheid.

Er träumte immer davon, begriffen zu werden.

Mit Kapitän Melville im Arm einschlafen.

Und dein Vater, der vor zwanzig Jahren eine Goldbrasse gegessen und drei Bier dazu getrunken hat.

Dann hast du das gelernt, dann hast du das gelernt, dann hast du das gelernt.

„Ein Krieger darf niemals etwas dem Zufall überlassen. Tatsächlich beeinflusst er den Gang der Ereignisse durch die Kraft seines Bewusstseins und durch sein unbequemes Wollen." (Carlos Castaneda)

Mich nicht länger von berechenbaren auf kleine Vorteile setzenden Verhaltensweisen vor sich her treiben lassen.

Nichts existiert vor der Beobachtung, sagen Quantenphysiker. *Wirklichkeit* entsteht erst aufgrund einer *Entscheidung*, die von einem *System* getroffen wird?

...selten auf einer einzigen Reise / wie alle Welt / *wenn du in der U-Bahn sitzt...*

Eine ganze Situation scheint sich plötzlich zu wiederholen: Das in Einmachgläsern eingelagerte Leben führt sich wieder auf, nur dass du ein paar Jahre älter geworden bist.

„Du animierst mich zu allen nur erdenklichen Gesichtszügen!"

Schübe voll *Allvertrauen* unauffällig vom Morgen bis zum Abend.

Geschehen, das aus dem vollen Geist kommt.

Bagger. Baumaschinen. Ebene. Wein.

Sie rief ihren Hund: *Il bandito.*

Wir sehen mit unseren Gedanken; wir essen mit unseren Gedanken; wir schmecken mit unseren Gedanken. Wir riechen und hören mit unseren Gedanken. Wir stricken in Wahrheit an einem unheimlichen Mantel für die Wirklichkeit.

Du hast dich heute den ganzen Tag über durch die Straßen geschleppt, um am Abend nicht allein zu sein.

Ich kann dir ein paar Geschichten erzählen, aber sie taugen nicht, um meine Anwesenheit zu bekräftigen.

Seine Mutter erzählte ihm am Telefon von ihrer ehemaligen Nachbarin, die bereits vor dreißig Jahren weggezogen war und die sie schon lange nicht mehr gesehen hatte, dass diese sich nach ihm erkundigt und ihr anschließend erzählt habe, dass er damals, als er noch ganz klein war, das einzige Kind im Haus gewesen sei, welches ihre Tochter ob deren roten Haaren nicht gehänselt habe, und nur wenn er im Hof spielte, ging auch sie hinaus, um zu spielen. Sie fühlte sich in seiner Gegenwart sicher.

Bevor ich gekommen bin, sind in der Wahrnehmung Fehler passiert, sagte ein österreichischer Politiker.

Der Wille zur Form, der Wille zur Freiheit, in jedem Satz spürbar, sichtbar, man muss die Vielfalt der Formen riechen können, dieser Wille, der volle Präsenz ist, *durchschneidet die Luft der stehenden Erinnerungen*, die vom Wind gefüttert...

Ingwer reiben und in einen Krug geben. Zitronensaft, Zitronenschalen und braunen Zucker hinzugeben. Das ganze über Nacht stehen lassen und mit Mineralwasser aufgießen.

Wenn zwei Nervenzellen gleichzeitig aktiv sind, nimmt die Verbindung zwischen ihnen zu. Sogar die Synapsen ändern sich, ständig bilden sich neue Verbindungen.

Sah meine Schulfreunde auf einer Wiese Fußball spielen. Ging in die Kabine, um mich umzuziehen, und als ich heraus trat (dabei gelbblaue Stutzen tragend), zeigte ich ihnen meine fünf Finger, um zu bedeuten, wie viele Tore ich sogleich schießen würde. Daraufhin rannte ich wie ein junger Hund über den Platz.

Das Gehirn lernt die Regel hinter den Ereignissen. Aber wer oder was ist das Gehirn eigentlich?

Wir unterscheiden uns durch die Auswahl, vor allem aber durch die Anzahl der gegangenen Wege und deren Wiederholungen. Du musst beispielsweise 2 Millionen Zigarren mit der Hand rollen, bis du es nicht mehr besser kannst, sagt der Neurobiologe Manfred Spitzer.

Blick durch ein Atomkraftmikroskop auf dem TV-Screen: Ich sehe eine von vielen Welten, in welcher meine Erfahrungen offenkundig nicht zählen. Sonderbare Wesen geistern in einem Tropfen kristallklaren Wassers herum, und ein Sprecher sagt: *Welten ohne Ende.*

Du bist gefährlich, weil jeder Satz, der über dich gesagt wird, richtig ist.

Aus der Leere in deine Mutter gekrochen, damals, aus der Leere in die Herzschläge deiner Mutter, in diese Herzschläge eingeübt, bis du herausgezogen wurdest, mit blauem Gesicht, schreiend und Blut bedeckt, die Nabelschnur dreimal um den Hals gewickelt, unter den Schritten eines alten Autos, das über staubige Landstraßen gefahren war, du erinnerst dich, du erinnerst dich nicht.

Bei Sonnenbrand: Buttermilch auf die Haut auftragen.

Gute Literatur: Freie Impulse, die sich in alles verwandeln können.

Bei vielen Geschichten, Gedanken oder Monologen war es so, dass den Schriftsteller eine Energie aussuchte und er sofort mit dem Schreiben beginnen musste; auf irgendeine Art und Weise musste er diese Energie in Sprache verwandeln. Wie dann die Geschichte, die er erzählte, aussah, war dabei zweitrangig.

Aufmerksamkeit ist Kommunion.

Ein Asiate, der aus gekreuzten Beinen aufsteht, mit einem Lächeln, das aus einem Film kommt und das du kennst. Du wusstest augenblicklich, dass du dessen Dialoge wegzuräumen hattest.

Jahre der Beschwichtigung, die aus den Augen brechen, als es früh am Morgen zu schneien beginnt.

Die Meister vieler spiritueller Traditionen überlassen ihre Probleme dem Unbewussten, bis sie gelöst sind.
(K'anchaq Uma Juan)

Unser Wissen entscheidet, wie wir die Vergangenheit sehen.

Setze dir ein Ziel, das sich noch niemand gesetzt hat!

Laut Agrarexperten leiden mehr als eine Milliarde Menschen an Fettleibigkeit, dagegen nur an die 800 Millionen an Hunger.

Die Hände reiben vor Freude und diese an den Körper weiterleiten.

Federico Fellini meinte einmal, bezogen auf eine fertig gestellte Arbeit, er wüsste oft nicht, wer diese gemacht habe, ein flüchtiger, unheimlicher Bekannter?

Bilder, Sätze, Geschichten, Gedanken drängen uns manchmal dazu, mit Erinnerungen oder Empfindungen Kontakt aufzunehmen, um diese wieder zu beleben. *But tonight something from the past has come back...*

Du warst heute Nacht wach, um die Geräusche des Mieters nebenan sichtbar zu machen.

Es war halb sieben Uhr morgens. Ein vielleicht siebzigjähriger Mann mit weißem Leinenanzug, weißen Handschuhen und einem Strohhut am Kopf *walkte* sehr vornehm auf der Prater Hauptallee dahin. Weil mir dieses Bild so außerordentlich gut gefiel, zückte ich sofort mein Handy, das mir jedoch, beim Versuch es zu aktivieren, aus der Hand fiel. Daraufhin ließ ich es bleiben, zumal der Mann bereits an mir vorbei war. Was für ein (schlechter) Paparazzo ich doch war!

„Es war alles schon vorher verwirklicht", äußerte sich Federico Fellini in einem Interview seine Filmkunst betreffend einmal. Im Zug sitzend winkt er den Bahnhöfen, die zu seinen Filmen werden, freundlich zu. „Die meisten Geschichten, die ich erzählt habe, haben sich auf quasi natürliche Weise ergeben, und ich habe mich mit großer Unbefangenheit darin aufgehalten." Sich in den Dienst der eigenen Fantasie stellen meint, sich jedem Moment absolut hinzugeben. Das ist Schöpfung. Man muss bereit sein, sich den Dingen, die entstehen und die noch unförmig und durcheinander sind, zu stellen, sagte der Filmemacher.

Im selben Gespräch proklamierte er auch, dass die Suche nach einem höheren und authentischeren Teil von einem selbst unverzichtbar sei. Man dürfe die lebendige Energie nicht allzu sehr stören und einschränken, wenn sie aufträte, sondern müsse sie fließen lassen. Man müsse sich der Kraft anvertrauen, das Geheimnis des Lebens wirken lassen. Viele Märchen handelten von einem vergrabenen Schatz, der sich auf dem Meeresgrund oder in einer Höhle befände. Oft würden solche Schätze von Ungeheuern oder Drachen bewacht. Manche Künstler kämen diesem Ungeheuer zu nahe und stürben, andere überlebten ihre Abenteuer, und wenn sie anschließend von ihrer Reise zurückkehrten, brächten sie uns etwas mit, das uns Kraft gibt; manche jedoch führten uns bloß ihre Narben vor.

O. hat gelegentlich Angst-Träume, in denen sie ins Jenseits gezogen wird; sie weiß aber nicht, wie es dort ist, da sie stets zuvor aufwacht.

Wir können aus jedem wahrgenommenen Verhaltens- oder Wahrnehmungsprogramm einen nützlichen Verbündeten machen.

Manchmal regnete es; manchmal dachte ich sehr intensiv nach, sah beispielsweise einen Frosch ohne Kopf.

Und jetzt will ich durch einen Satz erlöst sein, in ein Königreich gehen, in eine Umarmung, in eine Baumkrone.

Angelina Jolie, die unumschränkte Königin des Blätterwaldes und der Tattoos, hat sich auf ihren linken Oberarm die Längen- und Breitengrade der Geburtsorte ihrer Kinder – Maddox N11° 33' 00" E104° 51' 00", Zahara N09° 02' 00" E038° 45' 00", Pax N10° 46' 00" E106° 41' 40" und Shiloh S22° 40' 26" E014° 31' 40" – tätowieren lassen. Auf dem rechten Unterarm steht eine arabische Weisheit, die da lautet „Stärke des Willens".
Auf ihrer schönen Rückenfront hat Angelina einen halben Roman stehen, der ein buddhistisches Gebet in Sanskrit darstellt und Maddox beschützen soll. Der Inhalt dieses Gebetes lässt sich zusammenfassen in „Kenne deine Rechte" und das steht direkt unter ihrem Nacken. (MamaRazzoTeam).
Auf dem linken Unterarm findet sich ein Zitat des amerikanischen Dramatikers Tennessee Williams. „A prayer for the wild at heart, kept in cages".

Inzwischen nehmen unsere Gedanken weitere Ausmaße an.

In einer Nähe zu sein, obwohl du frierst.

Was haben dir die Pflanzen beigebracht, was die Tiere und was die Steine?

Bei den amerikanischen Präsidentschaftswahlen, heißt es, gewänne stets der größere der beiden Kandidaten.

Wut, Gier, Angeberei, Unbewusstheit, Gefühle der Sinnlosigkeit, Einsamkeit, Aufgeregtheit, Geilheit, Angst, Verantwortungslosigkeit, Trägheit. Verhaltenspaket bitte erst in 5 Jahren wiederkehren, für maximal 5 Tage, und dann ab Auf-nimmer-wieder-Sehen!

Mit Stefanie von Monaco hätte ich gerne zusammen TO CATCH A THIEF angesehen.

Auf einem Gehweg roch ich plötzlich, obwohl weit und breit niemand zu sehen war, Marihuana, sodass ich annehmen musste, der Geruch sei in mir aufgetreten, wie man ja auch *Stimmen in einem selbst sprechen* hören kann.

Eine Charlie-Chaplin-Figur auf einem Hocker mit weiß bemaltem Gesicht, die einen jungen Japaner mit ihrem Stock zu sich heranzieht, und ich dachte, als ich dessen *Lachen mit den blanken Zähnen* sah: Jerry Lewis ist als Japaner wiedergeboren.

„Jede zur Besinnung gebrachte Eigenschaft, Handlungsweise, ist im eigentlichen Sinne eine neu entdeckte Welt." (Novalis)

Provokant und mitfühlend schreiben.

Die Stille und Weite der Kindheit, in der ich mich stets aufgehoben fühlte, wiederbeleben.

Ich müsste mit dem Mond gehen, mit den Sternen ziehen, mit den Antilopen.

„Alle wollen tanzen, aber niemand will die Musik bezahlen."

Guillermo Arriaga Jordán (*1958 in Mexiko-Stadt), preisgekrönter mexikanischer Schriftsteller und Film-Produzent, der das Drehbuch zu *Babel* geschrieben hat, beschreibt sich selbst als *„hunter that works as a writer"*.

Alle Erscheinungen, die gesprochen wurden, machen kehrt und kommen dir entgegen.

„Die Literatur ist eine Form des Exorzismus. Sie treibt die Dämonen aus, die wir in uns haben." (Carlos Fuentes)

Du musst mit dem Schreiben jene Energie treffen, die in einem Ereignis vorhanden ist.

Als ich erwachte, merkte ich mir nur die Reste eines Satzes, den ich im Traum äußerst poetisch fand: „...*haften unter den Sonnen*".

Bei Bienenstich: Zwiebel auflegen oder Grasbüschel ausreißen und auf die Wunde drücken.

Einen klaren, vielfältigen, beweglichen Verstand anstreben.

Mit dem Universum mitschwingen, ja!

Die Aussichtslosigkeit ist das vorherrschende Gefühl heute. Diese *Bemerkung* fand ich in einem alten Tagebuch. Mir graute davor, und ich war froh, nicht mehr in diesem Gefühl anwesend sein zu müssen.

Jede Handlung drückt dich stets *vollständig* aus.

Berufsbezeichnungen: *Seelenbegleiter, Sensationsberater, Life Experience Manager, Event-Guru.*

Der Mann sagt: Ich habe Angst zu sterben. Ich habe Angst vor der Einsamkeit und vor der Wahrheit.
Die Frau sagt: Man kann nicht gegen den Strom schwimmen, man darf sich aber auch nicht mitreißen lassen. Nur der Fluss ist von dauerhafter Freude.

Quentin Tarantino als DJ in einer Vorstadtkneipe. Als er von einigen Typen, die dort abhängen, mit ihren Plattenwünschen angemacht wird, reißt er sofort ab. Peter H. sitzt vor einem Lokal. Ihm wird ein in Teig herausgebackenes Ferkel serviert, das sich noch bewegt. Als ich später an ihm vorüber gehe, bemerke ich voll Grauen die Blutspritzer am Boden.
Meine Großmutter, Genoveva P., saß im selben Traum schlafend in einem Lederfauteuil. Ihr Kopf hing ihr zur Seite herunter, und jemand sagte: „Wenn man so alt ist, ist das kein Wunder."

Wir leben in einer Gesellschaft, die sich durch Geistes-Trägheit, Infantilität, Depression, Angstzustände, die bis zur Psychose reichen, Brutalität, ethischen und geistigen Verfall und Unfähigkeit, das eigene Denken intelligent (in einem umfassenden Sinn) anzuwenden, auszeichnet. Wer sagt das und wozu?

Wilde Männer kommen in einiger Entfernung einen Hügel herabgelaufen. Sie greifen die Stadt an, in welcher ich mich gerade aufhalte. Die Gewissheit, von hier nicht mehr lebend wegzukommen, breitet sich rasch aus. Jetzt zählt kein Pass und kein Geld mehr. In diesem Land habe ich nichts verloren und so zähle ich auch für niemanden etwas. Dennoch versuche ich zu flüchten, was mir selbst im Traum absurd erscheint.

Jedes Atom in und um uns ist im Herzen eines Sterns entstanden. Diese Erkenntnis habe ich einer BBC Dokumentation über die Sonne entnommen. Deshalb sind wir also tatsächlich *Kinder der Sterne*.

Wir leben auf Feldern unterschiedlichster Aktivität und Kreativität, die sich ständig verändern und neu oder anders zusammensetzen, die einander bedingen, bekräftigen oder vertiefen, sich wechselseitig befragen oder herausfordern.

Geschichten sind Verstärker des bereits Vorhandenen, sie können Abflugrampen für unbeanspruchte Gedanken sein, vielleicht nur angerissene Träume, manche von ihnen werden Ratgeber spielen, die unsere Selbstbeobachtung schärfen, andere wiederum werden uns mit ihren Emotionen mitreißen.

Viele frisch gestrichene Fassaden und halbverfallene Straßenzüge wechseln sich ab. Die schiefen Häuser mit ihren Rissen am Mauerwerk. Bäume können in jede Richtung fallen. Die Sonne braucht nicht unterzugehen. Viele haben keine gültigen Reisepapiere mehr.

Dass man an einem scheinbar x-beliebigen Punkt an einem scheinbar x-beliebigen Ort in den so genannten eigenen Schädel hinein geboren wird, in welchem bloß wenige Jahre nach der erfolgten persönlichen Geburt schon die ersten echten Blumen zu riechen beginnen, habe ich in meinen besten Momenten tatsächlich verstanden, aber bestimmt auch gleich viele Male nicht, wie ich hier, der Wahrheit gemäß, hinzufügen möchte. Vergissmeinnicht, Nelken und Buschwindröschen waren, soweit ich mich erinnern kann, der Reihe nach aufgetreten, zu denen ein individueller Zugang aufgebaut werden musste. Farben streckten ihre Hände nach mir aus, und Düfte verzauberten meine Nasenschleimhäute. Der im Freien oft dazugehörige Wind versetzte mich häufig in eine von mir zumeist als unauffallend wahrgenommene Wirklichkeit. Und so stehen wir in unseren Wirklichkeitsbehauptungen stets auch auf der besonderen Seite des Lebens und machen uns so unsere Gedanken. Welche Lebensversicherung haben wir eigentlich abgeschlossen? Und wann war das? Wie viele Jahre können noch mit uns als Beitragszahler rechnen? Wann wird das letzte Bedeutungsraumschiff in unserem Gehirn seine Zelte abgebrochen haben? Was bedeutet dieser Augenblick dann überhaupt? Haben wir danach kein Dach mehr über dem Kopf?

Jede Geschichte lebt von anderen Geschichten und zugleich für andere Geschichten; jede Geschichte lebt aber auch für sich selbst allein – ihrer eigenen Wahrheit gemäß.

Frau K. war eine alleinstehende Frau, die damals, als er Kind war, in der ledigen Frauen zugedachten Wohnung lebte und die eine Tochter hatte, welche sie oft besuchen kam. Diese wiederum hatte eine Tochter, die in seinem Alter war. Soweit er sich erinnerte, hatten sie kaum je ein Wort miteinander geredet. Mutter und Tochter wanderten, wie er wusste, nach Kanada aus. Irgendwie mussten sie wohl einmal auf ihn zu sprechen gekommen sein, denn bei einem Besuch brachte die Tochter ihrer Mutter, Frau K., einen Zeitungsausschnitt mit, der von ihm handelte. Daraufhin meinte seine Mutter, er habe immer viele Verehrerinnen gehabt, diese seien von seiner Ausstrahlung angezogen gewesen. Nur habe er dies nie bemerkt. *Dieser Gedanke könnte von dir sein, er könnte von jemand anders sein, er könnte einfach so stehengeblieben sein.*

In riesigen Schwärmen vom Tau besetzte Vögel, es klopft an der Tür, durch tausende von Menschen die Dialoge vom Montag wiederholen, die Dialoge vom Dienstag. Du beobachtest dein Sprechen, du beobachtest das Denken deines Sprechens, du beobachtest das Sprechen deines Denkens.

Literatur, wie ich sie proklamiere, ist der Wahrheit verpflichtet, und drückt diese auch in jedem bewusst wahrgenommenen Augenblick vollständig aus.

Bahnübergänge in der Dämmerung: Als ob sämtliche Tätigkeiten plötzlich Reißaus genommen hätten.

Als der in Taiwan geborene und dort aufgewachsene Filmemacher Ang Lee, der seit mehr als 30 Jahren in den USA lebt, nach seiner Heimat gefragt wurde, antwortete er: „Ich lebe in meinen Filmen. Ich borge mir einen Film nach dem anderen als meine Heimat."

Mein ehemaliger Chef, den ich stets als Freund wahrgenommen habe, kommt an meinem Geburtstag zu Besuch und bringt mir Säcke voll Geschenke mit, worunter sich auch viele Blumensträuße befinden. In der gleichen Szene verlasse ich das Gebäude, in dem ich mich bis dahin aufgehalten habe, weil ich einen *Blütenregen* bemerkt habe. Ich stelle mich sofort darunter, strecke die Hände weit von mir und drehe mich im Kreis.

Ich möchte in einen Lieferwagen steigen, um mitzufahren. Auf dem Beifahrersitz befinden sich allerdings bereits zwei Personen, deshalb verzichte ich auf diese Gelegenheit. Mein Vater ermuntert mich jedoch, auf jeden Fall mitzufahren. Ich antworte, man dürfe Gelegenheiten nicht überstrapazieren.

Der Sternenrest schrumpft immer weiter.

Ein verwahrloster Plastikhund in der Ecke eines fast leeren Zimmers. Es regnet durch das Dach.

Letzte Nacht, als es gerade zehn nach zwölf war, stellte sich in einem Film die Hauptdarstellerin ihren Wecker, auf dem es ebenfalls zehn nach zwölf war.

Die Luft ist mit Stimmen gefüttert. Die Geister halten ein Loch offen.

Lebenshungrige alte Frauen mit einem Hauch Sehnsucht im fliederfarbenen Haar tanzen zu Walzerklängen über eine italienische Landschaft.

Verwunderung der linken Hand.

Die, die Federn haben, fliegen nicht hierher.

Friederike Mayröcker schreibt Briefe als Seelenbegleiter, zur Seelenerweckung, *Quell-Behandlung*. *Religion der dunklen Wälder*...

„Man merkt es sofort, wenn eine Geschichte schlecht erzählt ist. Meistens hat sie etwas Gespreiztes an sich und trägt egoistische Züge. Dann hat der Autor vergessen, was er *ursprünglich* erzählen wollte. Auch du musst mit deinen Figuren und deren Charakteren wirklich zusammen leben, darfst sie nicht sofort verscheuchen, wenn sie dir ihre Hand reichen. So wirst du langsam ihre Gewohnheiten erfahren, ihre Gedanken verstehen und wissen, was sie zu tun haben. Unberechenbar für unseren menschlichen Geist tritt die zu erzählende Geschichte von selbst auf, – wenn es notwendig ist und möglich. Mit ihren Farben, den Gerüchen, dem Wetter und den zu gehenden Wegen. Mit den Menschen, die sich darin zurechtfinden oder auch nicht. Sie wird ihre umfassende sinnliche Ausstrahlung entfalten, welche Intellekt und Gefühl, Gedanke und Handlung verbindet. Denn jede Geschichte arbeitet auf vielen Wegen. Sie schöpft vor allem aus den unbewussten und kollektiven Kräften einer Gemeinschaft und des Lebens im Allgemeinen, ist immer auch eine Verbindung und daraus resultierende Fokussierung mentaler Ströme. Womit beginnt nun deine Geschichte?"

Im Kopf haben wir die Statistiken unserer Wahrnehmungen.

Maiwipferlhonig
2 kg Zucker
500 g Maiwipferl (Fichtenspitzen)
1 l Wasser
Maiwipferl in einen großen Topf mit Wasser geben und ca. 4 Tage stehen lassen. Die Maiwipferl 1 Stunde kochen, durch ein feines Tuch abseihen und die Flüssigkeit aufkochen lassen. Nun den Zucker dazu geben und so lange köcheln lassen, bis der gewünschte *Geliergrad* erreicht ist.

Ostern: Zitronenspalten für Mama, 1 Paar Würstel für Papa.

Hüttenkäse mit reichlich Olivenöl, Bärlauch, Salz und Pfeffer abschmecken.

Erfolg greifbar um alle Ecken!

„Wir dürfen mit unserem Körper und Geist aber auch nicht zuviel in der Zukunft oder der Vergangenheit verbringen. Denn Zukunft und Vergangenheit trennen uns von der Quelle allen Seins. Wir müssen ganz hier sein, mit all unseren Sinnen, im Jetzt, das unermesslich ist und ewig. Auf diese Weise handeln wir richtig. Deshalb muss unsere Geschichte auch immer im Jetzt sein, sie muss uns mit den Kräften der Gegenwart zusammen führen."
„Das Wesentliche ist, dass du deiner Geschichte kein Korsett verpasst, sie findet ihren Rhythmus, ihren Fluss, ihr Bett, ihre Seitenarme von selbst. Du bist dazu da, sie aufzuzeigen. Du musst mit allen Sinnen anwesend sein, wenn sie spricht, dabei selber niemand sein. Eine Radiostation, die Wellen aufnimmt. Schreiben, was dir gesagt wird, das Meer, die Hände, sie sind Kinder der Sterne."

Kein Satz soll mich ablenken oder entführen, jeder Satz soll mich wacher werden lassen, meine Seinsverbundenheit und Autonomie stärken.

Schreiben ist ein Energie- und Wahrnehmungstransfer.

Zu nachts. Allein.

Ein Rhythmus, der zu dir gekommen ist, um Danke zu sagen, dich zu begrüßen, dich zu umarmen, mit dir ein paar Schritte zu gehen.

„Die Wanderwege und Steige sind nicht kunstvoll angelegt, sondern naturwild und sie erfordern bei schlechtem Wetter eine kräftige Seele."

Alles eignet sich zur Erzählung. Es hängt nur von der Kraft deiner Wahrnehmung ab, und ob du offen genug bist, dich von einer Geschichte affizieren zu lassen.

Marathonlauf, Wien.
„Laufen durch ein Spalier klatschender Hände."
Solcherart aufgeladen durch die Unterstützung zigtausender Menschen.

Ganz in der Nähe schütteln zwei Prediger ihre Fäuste. Einige Kinder und Touristen bestaunen ein Ausstellungsplakat.

Die verschwenderische Natur kitzelt die Wahrnehmung, sie streichelt deine Sinne.

Wohlstandskulissen zeichnen unser Sprechen aus.

Der Winter kommt spät in diesem Jahr. Noch Ende November sind die Berge so gut wie schneefrei.

Mit jedem Atemzug sinkst du tiefer in die Erde hinein.

Eine Katze, die nicht mehr vom Baum herunter findet, und vor mir geht eine Frau im Stan-Laurel-Mantel.

Es könnte jetzt etwas passieren, das auf seinen kosmischen Auftritt fünfzehn Milliarden Jahre gewartet hat.

Rauchen ganz gleichgültig / Vogel schmiegt sich an

„Es geht um die Grundeinstellung, die Erwartungshaltung und darum, Fehler zu vergessen. Das Wichtigste ist, Ruhe, Gelassenheit und Demut zu lernen. (...) es geht darum, jeden

Schlag gleich zu spielen, immer bei Null zu beginnen." (Markus Brier, Golfprofi)

Sonst war kein Lebewesen zu sehen.

Ich will keine zögerlichen, sorgenvollen Gedanken mehr denken, welche Resultat anerzogenen Verhaltens sind. Ich will kein Wissen mehr erwerben, das nicht mit dem Sein spürbar verbunden ist, meine eigene Existenz und die aller Lebewesen vertieft. Ich will meinen Namen nicht mehr suchen müssen. Niemand mehr wird von mir als schlecht oder dumm bezeichnet, weil dieser Gedanke weder ihn noch sonst wen zu einem besseren Menschen macht. Ich handle aus dem Bewusstsein des Überflusses heraus. Ich versuche niemandem etwas einzureden. Kein Erfolg spornt mich mehr zu irgendetwas an. Wenn eine Depression unter dem Auge auftrifft, dann verbeuge ich mich vor dem weiten Ozean. Ich bin niemandem auf der Welt etwas neidig. Ich rede nichts und niemanden schlecht. Ich akzeptiere keinen Funken Schadenfreude. Freude ist das Empfinden tiefer Seinsverbundenheit. Es geht nicht darum, etwas zu machen, um etwas anderes zu erreichen. Es geht darum, überall zu Hause zu sein, in jeder noch so winzigen Geste.

In der 16. Minute des Champions League Semi-Finals zwischen ManU und Barca, das ich mir wie üblich in einem Admiral Sportwetten Stehcafe ansah, las ich plötzlich auf einem der Bildschirme, auf denen die aktuellen Wettquoten der Spiele auszumachen sind, den Satz: *Derzeit keine Welten verfügbar.*
In Wirklichkeit stand da: *Derzeit keine Wetten verfügbar.* Ein Text, der immer dann erscheint, wenn gerade ein Tor gefallen ist und die Quoten sich dadurch verändern.

ManU war physisch klar präsenter und wirkte wesentlich entschlossener. Barca spielte, wie es der Coach der Engländer in einem Interview vorausgesagt hatte, viel zu berechenbar.
Neben mir waren vier Jugendliche, die Ungarisch sprachen und Fans von ManU waren. Links von mir, direkt beim Eingang stehend, bemerkte ich einen leicht ergrauten Mann in einer abgesteppten blauen Jacke und Jeans, der in der *Gazzetta dello Sport* las und der nach einer vergebenen Großchance von Barca plötzlich auf Wienerisch fluchte. Bereits in der Halbzeit ging ich nach Hause.
„Wir sind Schöpfer und nicht Spielzeuge der Umstände."

Ich fand heute eine Notiz, die mich an die letzte Neujahrsnacht erinnerte, als M. und ich uns gegen vier Uhr morgens auf der Landstraßer Hauptstraße auf dem Nachhauseweg befanden und plötzlich in dieser Halbdunkelheit ein kleines, etwas pummeliges Mädchen mitten auf der Straße daherkommen sahen, die rechte Hand zum Führergruß von sich gestreckt, dabei militärisch einherschreitend. Weil infolge des Neujahrsfestes auch um diese Zeit noch Autos unterwegs waren und man das Mädchen in diesem Halbdunkel kaum wahrzunehmen vermochte, versuchte ein vor uns gehendes Pärchen, sie von ihrem Tun abzubringen. Aber die junge Frau schrie die beiden nur an, spuckte aus, hysterisch, extrem aggressiv und drohte ihnen sogar sie umzubringen. Am nächsten Tag durchforschte ich die Zeitungen nach einem möglichen Unfall, fand aber nichts.

Draußen regnet es stark. Es ist ein angenehmer Frühlingsregen. Die Jalousien sind fast ganz heruntergelassen. Nur ein Fenster steht offen. Ich liebe den Geruch des Regens. Mein Vater sitzt auf der Lehne der blauen ledernen Wohnzimmercouch, hält die Finger beider Hände auf den Knien und pfeift für mich die *Anna-Rumba*. Ich weiß nicht mehr, wie wir darauf zu sprechen gekommen waren, ich war jedoch überaus erstaunt, dass mein Vater so gut pfeifen konnte. Bis zu diesem Moment hatte ich geglaubt, niemand in unserer Familie könne singen oder pfeifen. Und er strengte sich auch wirklich an, um mir einen guten Eindruck dieser Rumba zu vermitteln. Selbst die Szene, in welcher die Anna-Rumba gespielt und getanzt wird, erzählte er mir.

Das wichtigste ist, dass du in eine Geschichte hinein gerissen wirst, und dass sie gleichzeitig Kräfte besitzt, dich ein Stück freier zu machen.

Die Freiheit ist angesichts des Geistes nur ein verlorener Punkt. Diesen Satz von Antonin Artaud schrieb mir der Dichter und Gitarrist Wolfgang Sysak in einer Mail.

Nicht die Fehler, die man macht, sind entscheidend, sondern der Energiefluss, den man erzeugt.

Welches Erbe hinterlassen wir der Gesellschaft, dem Volk, der Erde? Diese Frage müssen wir uns stellen, meinte K'anchaq Uma Juan.

Gelegentlich wird von irgendwoher jemand eingeflogen, um uns unsere Gefühle zu erklären.

Aber eine Kugel bleibt immer im Lauf für den möglichen letzten Fall, der akut unser Schicksal betrifft.

„Ein paar Schritte entfernt begannen zwei Männer langsam miteinander zu kämpfen."

Fußball spielen erfordert von unserem Gehirn eine beträchtlich größere Anstrengung als Schach zu spielen, sagt der Tübinger Neurologe Hans-Peter Thier, da die an den Fußballer gestellten Anforderungen vielfältiger und komplexer seien; dieser benötige ein Gefühl für den Raum, in welchem er sich bewege, ein Gefühl für den Ball, ständig müsse er die Flugbahn des Balles berechnen, Mitspieler und Gegner im Auge behalten, Entscheidungen in Windeseile treffen...

Die *Österreichische Bundeshymne* und *Stille Nacht, Heilige Nacht* treiben mir heute noch die Tränen in die Augen.

Fußballspiel Österreich gegen Polen anlässlich der Europameisterschaft in Österreich. Unglaublich, wie aufgeregt ich bin. Riesige Chancen für die Österreicher, die anfangs groß aufspielen. Dann die alte Fußballerweisheit: Tore, die man nicht schießt, bekommt man. Was hat das alles mit mir zu tun, frage ich mich. Es hat alles mit mir zu tun, antworte ich, *das ist Fußball, das ist das Leben, es ist schrecklich, es ist großartig, es ist, wie es ist... Na, servas,* diese Redewendung drückt meinen gegenwärtigen Geisteszustand bestmöglich aus. *Geh hinter*, rufe ich dem österreichischen Innenverteidiger Emanuel Pogatez zu. Hin und wieder rufe ich auch ATTACKE; diesen Ruf tätigte vor vielen Jahren ein Gast des Adlerhofes, der stets ganz vorne saß, Weißwein trank und von Zeit zu Zeit ATTACKE rief. Aber da sind wir bereits in der 93. Minute, und irgendein Gerechtigkeitssinn überlässt den Österreichern einen *unbestechlichen* Elfmeter. Im Adlerhof, wo ich mir bereits seit fast zehn Jahren Fußballspiele anschaue, rufen alle Ivo, Ivo. *Der alte Ivica Vastic* nimmt sich die *Kugel* und *versenkt sie knallhart*. Alle springen auf, denn nun gibt es tatsächlich eine Art Endspiel gegen Deutschland und damit die Gelegenheit, das *Gespenst von Cordoba* endlich zu erlösen. Nur aus diesem

Grund findet das Spiel statt! Nur ein Sieg vermöchte dies!

Als ich heute vormittag laufen war, dachte ich gerade über die *Buddhanatur* nach, als mich ein Mann in glänzend-schwarzen 70er-Jahre-Shorts überholte, der eine Armeekappe und ein schlammig-graues Shirt trug, auf dem SABOTAGE FILMS stand. Ich folgerte daraus, *dass die Armee meiner selbst gewählten Geistes-Filme mich von der Buddha-Natur fernhielte.*

Woher kommen meine Gedanken, woher meine Ziele? Wohin führen mich die Initiativen aus dem brodelnden Imperium meiner Unterwelt? Wer trifft hierfür die Entscheidungen? Im Gehirn werden Entscheidungen eigenmächtig getroffen, behaupten einige Forscher.

Es ist ausreichend, einen vorgeblichen Sprach-Test zu absolvieren, bei welchem es um das Thema Altern geht, um anschließend bereits langsamer zu gehen.

Der Chamäleon-Effekt wird auch als sozialer Klebstoff bezeichnet: Wenn wir die Gesten und Bewegungen von anderen nachahmen, finden diese uns sympathisch. Oder auch: Manchmal reichen ein paar Prozentpunkte aus, um den Wirkungskreis des Einzelmenschen markant zu verändern.

„Ziele leben ihr eigenes Leben in uns." (Peter Gollowitzer, Sozialpsychologe an der Universität Konstanz)

Die glühende Herdplatte schlägt sich nahezu ungefiltert in der neuronalen Struktur eines Kinderhirns nieder.

Es musste geschneit haben lange / die Zeit wie Mauerblümchen / Nähe noch heute

Unsere Bewegungen sind durch und durch korrumpiert. Das Fernsehen zeigt uns ständig unsere verzerrten, verblödeten Fratzen, die sich den Großteil des Tages auf dem Bildschirm aufführen dürfen, *in der Blüte ihrer Uneinsichtigkeit,* und uns fällt dieser Extremismus gar nicht mehr auf, das ist in Wahrheit das absolut Traurige.
„Wo stehst du gerade?"
„Auf der Seite der Besserwisser."

Wo sind *die wirklich großen Haltungen,* jene, die nicht auf Ausbeutung, Unterwerfung, Kurzsichtigkeit, Wut, Gier, Niederträchtigkeit, Trägheit, Unbewusstheit, Aufgeregtheit, Verantwortungslosigkeit, Angst und Manipulation gründen?
Wo erfahre ich Courage, gedankliche Vertiefung, Klarheit, in weiterer Folge das Wachsen geistiger Autonomie, die Resultat ständig größerer Bewusstwerdung ist, Solidarität, Seinsverbundenheit und Vorstellungskraft?

Während der Fußballeuropameisterschaft erprobter Begriff: *Problemfan.*

„Wovon lebst du eigentlich?"
„Davon, kein Bild von mir zu entwerfen."

In der Wiener Stadthalle gewann der Tennisspieler Horst Skoff als erster Österreicher in der langjährigen Geschichte dieses prestigeträchtigen Turniers 1988 den Titel. Seither finden sich dort bis zum heutigen Tag Jahr für Jahr Fans ein, die seinen Namen *in die Stille vor dem Aufschlag* rufen. Horst Skoff starb dieser Tage und wenige Monate vor seinem vierzigsten Geburtstag an einem Herzversagen. Heuer ein Spiel des Stadthallenturniers besuchen und gemeinsam mit den anderen *Horsti* rufen.

Alle meine Ambitionen schöpfen ständig aus denen anderer Lebewesen und solcherart befreit kann ich über die weiteren auf mich zukommenden Schritte meditieren.

Während die Märkte hochgradig nervös sind, stehen ganze Landstriche unter Wasser, und am Horizont beginnen wir bereits die kommenden Katastrophen zu erahnen.

Gerne verweigerte ich jegliche Veränderung und ließ mich brav als Opfer verköstigen.

Als der Schriftsteller mit dem Buch anfing, hatte er sich vorgenommen, Geschichten zu schreiben, die wie die Hitze sein sollten, die an besonders heißen Tagen über dem Asphalt schwebte, oder die wie schnelle und überraschende Regenschauer vom Himmel kommen sollten, – berauschend und erfrischend. Jedes literarische Buch müsse stets sinnlich sein und glaubhaft aus Körpersäften bestehen, hatte er seiner Frau gegenüber bemerkt, einen sozialen Raum durchqueren müsse es überdies, um letzten Endes ins Offene zu weisen, wie ein Flugzeug, das mit seiner vielfältigen Besatzung am Himmel eine Kondensspur ziehe, die man Minuten später nicht mehr ausmachen könne.

Jedem Augenblick mit äußerster Aufmerksamkeit und Klarheit begegnen, um endlich dorthin zu gelangen, wo keine wie auch immer verwöhnte Welt, kein zurecht gebogenes Universum uns anlächelt, als gälte es bloß ununterbrochen die selbst gebastelten Weihnachtswünsche unserer Verwandten, die der Wissenschaftler oder Medienmenschen und all der anderen in unserem Gesichtsfeld Auftauchenden und wieder Verschwindenden zu befriedigen.

„Du erhältst so viel, wie du aufzugeben bereit bist", sagt O.

Vielleicht menschenleere Bewegungen, bis man überwachsen ist, bemoost, mit Vögeln auf den Schultern, durch die Gegend hüpft, kein Lidschlag, kein vorwärts schreitendes Wissen mehr, frei von Erschöpfung oder Aufregung, mit diesen unterirdischen Fangarmen, die keine bestimmte Form haben, sich, wenn es notwendig ist, verlängern oder verbreitern, und sich gleichzeitig wie Sand bewegen können, ganz lang und dünn machen, ohne einen Laut zu verursachen, dringen sie in die allerkleinste Spalte ein, nutzen jeden möglichen noch so winzigen Durchschlupf, um mitgerissen zu werden vom eigenen Blutstrom.

Ich jedenfalls will durchgehend Ereignis sein, kein einigermaßen gut geführter Rummelplatz von mir als interessant zu bezeichnender Zielbedürfnisse.

Als Jugendlicher liebte ich den Rhythmus des Regens und dachte mir Geschichten aus, in deren vielen Wendungen und Windungen ich mich häufig verlor. Dieses Gefühl von Ekstase und Uferlosigkeit, welches ich in der Kindheit vollständig war, ist mir bis heute – in Ansätzen – geblieben. Es ist auch Ursache meiner immer wieder auftretenden *Suchtschübe*.

Das Tattoo an ihrem linken Schulterblatt war so wunderschön, dass er es unaufhörlich betrachten musste, obwohl er nicht wusste, was die Schriftzeichen zu bedeuten hatten. Es war eine alte Sprache, die niemand mehr sprach, und er hätte sie gerne verstanden, um ganz bei ihr zu sein. Sie sah ihn an und lachte und sagte, dass es da nichts zu verstehen gäbe, wenn er sich wirklich auf sie einlassen wolle, würde sie immer ganz bei ihm sein, so einfach sei es, sie zu verstehen.

Schneefall bis in die Abendstunden.

In den meisten Büchern, die ich las, suchte ich stets nach einem Rhythmus, der mich tragen und aus dem ich Kraft und Energie schöpfen konnte, – meine natürliche Eigenbewegung, licht, frei, offen in jede Richtung. Ich forschte nach meiner Stimme, jener Stimme, die mit allem Leben verbunden war und die selbstverständlich in der sozialen Welt wirkte, ohne Schaden anzurichten.

Semmel, Hüttenkäse, Honig.

Manchmal war ich in den frühen Morgenstunden beseelt, nachdem ich zuvor stundenlang im *Triangel* getrunken und herumgeschrien hatte. Fast ein Jahrzehnt lang war ich dort Teil einer fluktuierenden nächtlichen Gemeinschaft. Und wenn ich heute nach Graz fahre, kann ich es immer noch nicht glauben, dass man dieses Lokal tatsächlich abgerissen hat.

Friede sei mit dir und mit deinem Geiste. Eigentlich ein ziemlich guter Gruß. Zweifelsohne fand ich ihn bestimmt zwanzig Jahre lang extrem zum Kotzen.

Vom Hof unten sind Schaufelgeräusche zu hören, vielleicht wird hier bald Rasen wachsen.

Da sind Fliegen. Acht Minuten Ruhe zwischen Mensch und Tier.

Die, die dich ernst nehmen, kennen diese Grenze nicht.

Das Selbstgespräch eines Vogels, der bunt sein muss.

Nur noch Leere zwischen zwei Menschen.

Eine zärtliche Ruhe von einem Hollywoodfilm auf dein Gesicht kopiert.

Du fragst sie: Woher kommt dein Name?
Sie sagt: Wer kennt schon die Gesetze der Namen?

Der Stern, an den wir heranreichen, wird mit Karriereschritten belohnt.

Plötzlich und grundlos kann die Kugel jeden treffen.

Lange nach Mitternacht schneit es immer noch.

Die Sätze sind da wie Blumen, wenn es Frühling ist, wenn der Frühling vorbei ist, wie Steine, wie Ameisen, Delphine.

Wenn du jetzt fortgehst, wird niemand zurückbleiben.

Der Mensch, der neben dir sitzt, die Lichter, die an- und ausgehen, wenn du eine Seifenblase berührst.

In den letzten Minuten kann man die Landschaft nicht mitnehmen.

Ein guter Freund fragte ihn: „Du beginnst also noch einmal von vorn?"
„Ja, das tue ich", antwortete er ohne zu zögern. Es war dies an seinem 42. Geburtstag, und er wusste eigentlich nicht, was er da gesagt hatte. Er hatte es einfach gesagt. Dieser Satz führte, wie er es wenige Tage später zu begreifen meinte, zu seiner ursprünglichsten künstlerischen Motivation zurück: *vor den*

Namen zu kommen; alle Vorstellungen, Bilder, Charakterzüge, Familiengesichter als *haltlose gesellschaftliche Oberflächen* zu durchdringen und fortan mit der ureigensten Stimme zu kommunizieren.

„Ich kehre nun auf meinen Weg zurück und nehme meine Aufgabe wahr."

Die Wünsche, unter den Sternen, ohne uns.

„Du wolltest mich nicht wirklich haben. Irgendeine Angst war stärker als dein Wunsch, mit mir zu sein. Deine Feigheit war zum Greifen körperlich. Statt dich deiner Angst zu stellen, bist du in eine ausufernde Geschwätzigkeit geflohen. Das habe ich nie verstanden. Warum bist du nicht wenigstens zu mir gekommen? Dachtest du, ich hätte dich ausgelacht? Was hätte sonst noch passieren können?"

Ein zwei Schritte unter einem Wasserhahn, ganz gleich wie viele Frühlinge vorübergehen.

„Wir haben die Heuschrecken oft in Zündholzschachteln gegeben und wenn wir diese öffneten, sprangen sie wieder heraus."

Berge in Nebel gehaucht, der mit Orangen ausgelegte Teppich, ein Glockenschlag.

Ich hätte mit der schmalen Frau, die beim Westbahnhof vor mir die Rolltreppen hinauf fuhr, mitgehen können, denn deren Wirklichkeit zeigte sich momentlang offen für die meinige.

Man kann sich nichts aufsparen; nichts geht über den Augenblick hinaus.

Plötzlich schien jede noch so winzig ausgeführte oder überhaupt geheim gehaltene Geste, jeder ausgesprochene oder vom Schweigen verhüllte Satz vollständig von Kräften getragen, die uns in aller Offenheit zum Ausdruck brachten.

Wie viele Kinder sterben leise und unbemerkt?

Ein lang gezogenes Straßendorf, das durch ein paar kleine Hunde wiederbelebt wird.

Ruhiger Abend / fast mit Seele

„Sie hatten mir eine zerbrechliche und viel brüchigere Richtung vorgeschlagen."

Ich kann mir keine durchgehende Gewohnheit leisten.

„Aber solange wir hier keinen Kampf auf Leben und Tod ausrufen, wird unsere *Lebensschönfärberei* bloß eine weitere kulturelle Hochblüte erfahren."
„Deine Mutter hat gestern angerufen und mir empfohlen, meine nuttige Kultur von dir entfernt zu halten, damit du deine Wirtschaftshilfe der Tussi mit dem straff geführten Arsch anbieten kannst."

Sie trägt schwarze Sonnenbrillen mit runden Gläsern, ein weißes kurzärmeliges fast bis zu den Knien reichendes Shirt, dazu abgeschnittene Jeans und Turnschuhe. Ihr Bauch hat einen großen Umfang. Sie hat einen wuchtigen Kopfhörer aufgesetzt. Die Frau, die ihr hinterher geht, ist schlank und trägt ein kurzes Schwarzes, es ist schließlich Sommer, und eine goldene Tasche hat sie lässig über die Schulter geworfen. Auch sie hat eine Sonnenbrille auf und ein Buch in ihrer rechten Hand, in dem sie, während sie auf dem Graben, vermutlich Richtung Arbeit, dahin spaziert, liest. Dieses Bild gibt mir ein Gefühl von Vertrauen, anders kann ich es nicht sagen.

Der Nigerianer Jay-Jay O. (34) hat heute seine Karriere beendet. Bye bye Jay-Jay und mach's gut!

Die Ohren hören nur, was die Ohren hören können; die Augen sehen nur, was die Augen sehen können, was in sie hineingefüllt wurde und hineingefühlt.
So gehst du mit deinen abgefüllten Ohren und Augen und Füßen.
Da drüben schwimmt eine Luftmatratze auf dem Meer!
Da kommt eine Regenwolke, da oben!
Erst wenn du dich mit allem aufladen kannst, mit jedem Insekt, mit jedem Pflanzenleben, das in deiner Nähe ist, mit jedem Steinwurf, mit jedem Pfeil, den du abschießt und der du zugleich bist, erst dann!

Was ist mit der restlichen Zeit des Schlafens, in der man nicht träumt? Wo ist man da, *und wer ist dann wo?*

Während du im Bett liegst und nachdenkst, nimmst du einen Sprechrhythmus an, von dem du nicht weißt, von wem er ist und warum er zu dir gekommen ist.

In Wahrheit können wir uns auf keine Zukunft hin vorbereiten. Unsere Vorbereitungen sind das Leben, das wir jetzt führen.

Tipp: Wenn dir etwas peinlich ist – du möchtest beispielsweise eine Zeitschrift kaufen, die wie die absolut größte Schundzeitung der Welt aussieht –, stelle dir einfach vor, du machst es für jemand anders. Wie oft bringt man nicht jemandem eine

Zeitschrift oder ein Buch ins Krankenhaus mit! Besser ist es natürlich, dieses Gefühl insgesamt aufzulösen, indem man sich dem Gefühl der Peinlichkeit voll aussetzt. Was kann einem schon passieren? Du glaubst vielleicht, dass es dir das Herz zerreißt; ich aber sage dir: Besser es zerreißt, als es verödet in deinen verkümmerten Gesichtszügen.

„Wer bist du denn?", fragte ich ein winziges Flügelinsekt, das auf dem aufgeschlagenen Buch von Friederike Mayröcker gelandet war und unter dessen Füßchen gerade zu lesen stand: „...habe früher in einem Meer von Sprache gelebt." *Und Tränen der Sehnsucht sind meine Verwandten*, sage ich halblaut, habe Wintertiere des Nachts getroffen, Hasen und Rehe, vor dem Haus stehe ich an der Hand meines Vaters. Die größeren Buben bauen eben ein Iglo. Ich trage eine blaue Haube mit Schild. Es schneit die ganze Zeit sehr freundlich vom Himmel herab. Ach, die Stille, in der ich damals leben durfte, wie wünschte ich manchmal, erneut in diese einzutauchen. Und ich fragte: Wer bist du, liebe F.M., wenn du nicht schreibst, und innerlich war ich mir nicht sicher, ob diese Frage zulässig sei. Wenn die Angst aufhört, beginnt der Mensch sich unschuldig zu fühlen, sagt O., ich blicke auf die Donau, dann sehe ich die vielen Bienen ringsum auf der Wiese, und als ich auch eine Hummel bemerke, fällt mir die Frage ein: Wo und wie verbringen eigentlich Hummeln ihre Winter? „In den Gletschern unserer Handlungen."

„Ich war vielleicht dreizehn oder vierzehn Jahre alt. Sie hieß Romy und ging in die Parallelklasse. Ich war heftig verliebt in sie, hätte aber nicht im Mindesten sagen können, was das für mich bedeutete. Immer wieder wollte ich ihr ein Geheimnis erzählen. Bei jeder unserer Begegnungen klopfte mein Herz wie verrückt. Manchmal hielt ich zaghaft und schüchtern ihre

Hand. Einmal saßen wir dabei in der dritten Reihe eines Kinos und sahen uns einen Horrorfilm an. Obwohl sie ein aufregendes Mädchen war, konnte ich mir keine gemeinsame Zukunft vorstellen. Schon nach wenigen Wochen beendete sie meine Schwärmerei. Ich erinnere mich, dass ich Romy beschuldigt hatte, zuviel mit meinen Klassenkameraden geflirtet zu haben. Deshalb hatte ich oft tagelang nicht mit ihr gesprochen. Danach begann ich mir vorzustellen, wie ich sie wieder erobern könnte. Ich malte mir im Kopf unzählige Geschichten aus. In Wirklichkeit unternahm ich keinerlei Anstrengung."

Da man mit dir sowieso nicht mehr normal reden kann, muss ich dir, obwohl ich es lieber mündlich getan hätte, schreiben, denn so wie es jetzt zur Zeit ist, geht es auf keinen Fall weiter. Leider ist aus unserer Freundschaft nicht viel geworden. Irgendwie schade. Aber da du nichts mehr von mir wissen willst und der Meinung bist, dass ich gemein bin, habe ich gemerkt, dass du unsere Freundschaft schon aufgegeben hast.

Ich weiß jetzt, dass du in mir nie eine richtige Freundin gesehen hast, sondern nur jemanden, mit dem du reden konntest. Und dass du Vertrauen zu mir gehabt hast, stimmt auch nicht, denn du hast mir nie etwas erzählt, was dich und deine Gefühle betrifft.

Glaubst du, dass es eine echte Freundschaft ist, wenn du fast immer auf mich beleidigt bist, obwohl wir uns sowieso kaum sehen? So eine Freundschaft hat überhaupt keinen Sinn. Wenn du Vertrauen zu mir gehabt hättest, wärst du zu mir gekommen und hättest mit mir darüber gesprochen. Aber du hast deinen ganzen Kummer in dich hinein gefressen und hast zu niemanden etwas gesagt. Wenn du mit deinen Problemen zu mir gekommen wärst, hätten wir sie gemeinsam lösen können. Jetzt siehst du selbst, was dabei herauskommt.

„Und das hat dir tatsächlich deine erste Jugendliebe geschrieben?"

„Ja. Auch sie war damals dreizehn oder vierzehn Jahre alt und hieß Romy."

Es sind in den Bäumen Nester, wenn auch nicht vollständig geäußerte Nachrichten.

„Schluss mit den großen und kleinen Kriegen. Schluss mit den Reisen, die immer hinter etwas anderem her sind. Ich habe kein einziges Geheimnis mehr, weil ich mein Gesicht, meine Form, meine Materie verloren habe." [...] „Wenn der Mensch eine Bestimmung hätte, so bestünde sie wohl darin, dem Gesicht zu entkommen." (Gilles Deleuze)

Kann es sein, dass der Frühlingsausbruch dich verwandelt hat? Kann es sein, dass du deine Kraft bei den Tieren und Pflanzen findest, die du nicht mehr zu suchen brauchst, weil sie dir längst schon entgegen kommen?

Wahrheit ist lebendiges Sein. Was wir üblicherweise darunter verstehen: begrenzte und funktionale Entitäten, Resultate unserer Fragestellungen.

„So viele Reden ich gehört habe, keine kommt je so weit zu erkennen: das Weise ist von allem geschieden." (Heraklit)

Und ich möchte auf der Erde liegen und keine Schuhe mehr anhaben.

Ein Mann mit Armbinde, auf der drei schwarze Kreise auf gelbem Untergrund im Dreieck angeordnet sind, setzte sich in der U-Bahn neben ein vielleicht fünfzehnjähriges, dünnes Mädchen, das mir schräg gegenüber hinter der Glaswand gleich bei den Türen saß, und war offensichtlich ziemlich betrunken.

Das ging aus seinem Tun und der Art seines Sprechens hervor, denn kurz nachdem er sich gesetzt hatte, sagte er – mehr zu sich als zu irgend jemand anderem – dabei Luft aus dem Mund herauspressend: „Gratuliere auf alle viere", dann machte er erneut einen Press-Laut, indem er nun auch die Zunge aus dem Mund streckte, und fügte hinzu: „Jetzt hau ich mich vor die U-Bahn:" Das Mädchen blickte merkwürdigerweise mich an und lächelte belustigt.

Im Traum betrat ich eine Bar, in der sich ein guter Freund von mir aufhielt; ich freute mich darüber außerordentlich und sagte: Endlich gibt es wieder eine Bar, in die ich gehen kann, um dich dort anzutreffen, ohne dass wir zuvor etwas ausgemacht hätten.
Als ich ihm von diesem Traum erzählte, schrieb er in einer Mail: Schön wär's, wenn es diese Bar gäbe. Wir sollten sie suchen.

Zwei Japaner lachten. Du hattest den Schirm aufgespannt. Es regnete. Zwei Japaner lachten. Wie selbstverständlich spanntest du den Schirm auf, obwohl der Bahnsteig überdacht war, bis dann der Zug abfuhr, endlich sich aufmachte. Und immer noch kamen Menschen angelaufen, weil der Zug nicht abfuhr, alles dauerte, der Zug fuhr ab, der Zug fuhr nicht ab, sie blickte dich an. Du hattest den Schirm aufgespannt, mehr aus Hilflosigkeit denn aus irgendeinem anderen Grund.
Den ganzen folgenden Tag siehst du diese Szene vor dir, kommst nicht weiter, kommst nicht mehr zurück, suchst nach einem Fluchtweg, stehst vor dem Fenster, setzt dich wieder hin. Wiederholst dich alle paar Minuten. Du gehst alles noch einmal durch. Du beginnst von vorn. Folgst dem Weg zum Bahnhof, folgst allen Straßen, allen Ampeln, allen Menschen, die dir aufgefallen waren, allen Gesichtern, hörst ihre Sätze, noch einmal ihre Wünsche, um die Zeit hinauszuschieben, sie

auszudehnen, um sie zum Verschwinden zu bringen, mit jedem Atemzug, um sie von dir zu stoßen, endlich weg, endlich weg. Sie ging nicht langsamer, auch du, auch du gingst nicht langsamer, einem Faden hinterher, an ein unsichtbares Seil gebunden.
Als der Zug abfuhr, sahst du an ihrem Blick ein zärtliches Lächeln, das sich bis heute nicht veränderte.

Neuerdings stand ich wieder einmal im Sportwettenlokal Apostelgasse Ecke Landstraßer Hauptstraße, beim Spiel *Rapid Wien* gegen *Red Bull Salzburg*, als plötzlich und aufgrund eines gewaltigen Unwetters die Verbindung zusammenbrach. Auf dem Monitor war zu lesen: *Die Sendung ist nicht zu entschlüsseln.*

Gefundene Wörter: *Feinkost, Delikatessen* und den Titel für eine Geschichte oder ein T-Shirt: *LOST ZOMBIE*.

Erfolg bestimmt sich anhand der Vielfalt und Qualität von Begegnungen, Erfahrungen und Erkenntnissen.

Ich sehe mich in einem vollen Lesesaal sitzen und mit meinem neuen I-Phone telefonieren, dabei kichere ich hinter vorgehaltener Hand wie ein Kobold.

Aber der Möchtegernvater liebt seinen Sohn in außerirdischen Momenten.

Mit dem Lift fahren wir weit fort von hier.

Die fantastische Cate Blanchet spielt den großen Bob Dylan, und man möchte fast weinen, weil Spiel, Authentizität, Vielfalt, Größe, Poesie, Mann und Frau, und auch Kind zusammen wirken. Soziale Räume, eindrückliche Sprache, stets getragen

von einer kaum aufzuhaltenden Energie, einem Überfließen des Lebens. Woher hatte der gute Mann all diese Eigenschaften oder Kräfte bereits als Zwanzigjähriger?
Bob Dylan, Jim Morrison, John Lennon, das waren einige der Helden meiner Jugendzeit. Dann noch Kerouac, Rimbaud, Verlaine, Baudelaire.
Warum stießen die alle bei mir auf aufnahmebereite Ohren? Was war ihre Art, sich auch in Z. Gehör zu verschaffen?

„Was bist du bereit dir vorzustellen?"
Mir fiel merkwürdigerweise das Künstlerehepaar Christo und Jean Claude und deren *Running Fence* ein, ein von Stahlpfosten und Stahlkabel getragener fünfeinhalb Meter hoher Zaun aus Nylongewebe, der 39.5 Kilometer durch die kalifornische Landschaft lief und im Pazifik endete. Ich sah, wie sich das Nylon im Wind bewegte, das Licht sich in unendlichen Spiegelungen reflektierte, konnte den Zaun aus der Vogelperspektive betrachten, hörte, wie die Regentropfen damit spielten, ganze Tage lang, und eine mächtige und stille Weite stellte sich ein, menschenleere Landschaft ansonsten, mich aufsaugendes Schweigen.

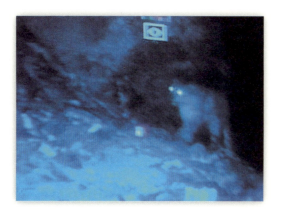

„Der Tag weiß nichts von der Nacht, und die Nacht weiß nichts vom Tag." Lange Haare, zu einem Schwanz gebundene Vögel. Brücken, die im Regen verschwinden. Du kannst das Ohr an die Wand halten; du kannst das Ohr an die Erde halten.

Einsame Schlittschuhe, die über einen zugefrorenen See gleiten.

Die Pulsschläge der Äpfel gefallen dem Arzt nicht.

Deine Tante lacht aus einem Stein; sie lacht aus einem Tier.

Stundenlang konnte ich meine Indianer und Cowboys um das Fort, das ich von meinen Eltern zu Weihnachten geschenkt bekommen hatte, aufstellen, um sie danach sofort wieder umzustellen. Da gab es *Winnetou*, *Buffalo Bill*, aber auch den Ritter *Ivanhoe*, den Schwarzen Ritter, ich machte da keinen Unterschied, es kämpften immer meine Lieblingshelden gegen die anderen. Und sie gewannen immer. Wenngleich manchmal nur sehr knapp. Hin und wieder musste auch einer meiner Kämpfer sterben. Da gab es immer eine große Zeremonie. Plötzlich stand meine Mutter neben mir, deren Kommen ich nicht bemerkt hatte. Ich erschrak und blickte zum Zauberer hin, aber der war nicht mehr da. Ich weiß noch, dass meine Mutter ein besorgtes Gesicht machte, weil ich so aufgeregt um mich geblickt hatte.
„Hast du etwas verloren?" fragte sie.
Obwohl ich verneinte, glaubte mir meine Mutter nicht.
„Ganz sicher?"
„Ganz sicher", antwortete ich.
In diesem Moment sah ich den Zauberer in eine Figur verwandelt bei einem der Aussichtstürme stehen, mit seinem blauen Kleid und den goldenen Sternen. Und da die Mutter meinem Blick gefolgt war, fragte sie mich nun, als sie des Zauberers ansichtig wurde: „Wo hast du den her?"

„Von Philipp", log ich.
„Philipp wer?"
„Der sitzt in Geo vor mir."
„Was macht denn dein Zauberer?"
„Er hilft dem Schwarzen Ritter. Zusammen sind sie unbesiegbar."
„Bist du der Schwarze Ritter?"

„Was geschah am Morgen des 3. Juli 1971?"
„Ich sehe eine Frau und ein paar Männer, alle in schwarzer Kleidung. Sie tragen einen Körper zum Hintereingang hinaus."
„Die Eltern ließen später die griechische Inschrift auf dem Grabstein hinzufügen, auf der zu lesen ist: *Seinen Dämonen treu geblieben.*"

Ein heftiger Juliregen ging gerade nieder, als ich mich eines Spaziergangs erinnerte, den ich vor etlichen Jahren in der Nähe von Fraserburgh, an der Nordküste Schottlands, machte: Dort passierte es mir unversehens – und das erste Mal in meinem Leben überhaupt –, dass ich weit und breit keine Menschen mehr *in ihren individuell ausgerichteten und rastlos scheinenden Drohgebärden* auf mich zukommen sah. Soweit das Auge reichte, gab es nur kleinwüchsige Sträucher, angedeutete Wege,

Hügel, und ein mächtiger, klarer und blauer Himmel strahlte eine tief in mich hineinreichende und wunderbare Stille aus, sodass ich einige Zeit lang unwiderruflichen Schrittes durch dieses Bild, dessen Teil ich geworden war, ging.

„Das angewandte Maß energetischer Verdichtung ist bei jedem Text anders. Es zu finden ist der Schlüssel, um einen guten Text zu schreiben."
Als der Schriftsteller daran ging, eine seiner Geschichten zu überarbeiten, graute ihm davor, anzufangen. Alles schien ihm verstellt und blockiert zu sein. Eine furchtbar sinnlose Welt tat sich vor ihm auf. Aber dann ereignete sich etwas Sonderbares. Er fing einfach an, *dazuzuschreiben*, und dieses Dazuschreiben ging ihm absolut leicht von der Hand, denn er hatte offensichtlich eine Tür geöffnet.

Eine ältere Dame, an die siebzig, würde ich sagen, mit viel blondem Haar, ein buntes Sommerkleid tragend, besteigt etwas schwerfällig ihren roten und sehr niederen VW Scirocco, und ich denke, diesen Wagen möchte ich auch gerne haben.

In einem Traum wollte den Schriftsteller jemand dazu drängen, an einem Literaturwettbewerb teilzunehmen, bei dem der erste Preis ein *Mauerblümchen* war.

Und immer / Ins Ungebundne gehet eine Sehnsucht.
(Friedrich Hölderlin)

„Der Koch muss den Gaben der Natur Respekt erweisen, indem er das jeweils richtige Rezept und die richtige Garzeit so genau wie nur möglich ermittelt. Diese Demut verlangt sehr viel Übung." (Alain Ducasse)

In einem uralten Traum, den du noch während deiner Studienzeit gehabt hast, sahst du dich als schwarzen Panther auf allen vieren die *Marhaltstraße* entlang laufen. Am Kopf trugst du einen Hut, eigentlich handelte es sich dabei um eine *Melone* mit steifer Krempe, die jedoch wesentlich höher war als die üblichen. Du sahst damit ein bisschen wie ein Zirkusdirektor aus. Wenn eine Person vor dem Haus stand, hievtest du dich im Laufen in die Zweibeinerposition und zogst zum Gruß deinen Hut, während du vorüber liefst. Zugleich genossest du

deine Wendigkeit und die Kraft, die durch dich hindurchflutete, warst dir dieser Tatsache dabei völlig bewusst. Über Jahre hinweg handelte es sich dabei um den einzigen Traum, in welchem du ein Tier warst. Und was für eins! Geschmeidig, extrem behände und gefährlich, schöne schwarze Großkatze! Tötest mit einem Prankenschlag, und in die Enge getrieben, greifst du auch Menschen an.

Am Ende der Straße angelangt, wo sie eine scharfe Rechtskurve macht und linkerhand das Haus steht, in dem die Familie eines deiner Freunde über viele Jahre gewohnt hatte, bliebst du stehen und blicktest, so weit das Auge reichte, auf eine Industrielandschaft. Alle Gebäude oder Ruinen waren grau und schwarz, Fabriken, Schlote, Rauch, Dunkelheit und Brände. Alles schien dir verwüstet. Du warst nicht traurig. Auch nicht verwundert.

Wie die meisten Katzen verschläfst du die Hälfte deines Lebens.

„Sommer, 1612: Von Augsburg kommend, wo er den Stadtarzt und Handschriftensammler Carl Widemann besucht und sich mit ihm beraten hat, trifft Adam Haslmayr klopfenden Herzens in Wien ein."

Der Frühling bedeckt die ganze Gegend, aber der Frühling bedeckt die ganze Gegend.

Ein paar Wolken ziehen sich zusammen: sie können überallhin gehen.

Meine Großeltern haben in den vierziger Jahren des zwanzigsten Jahrhunderts im lang gezogenen und finsteren, zur Marktgemeinde Hüttenberg zählenden *Löllingergraben* gelebt. Vor dem Haus liegt der Schnee meterhoch. Meine Großmutter

hört ein Geräusch und schleicht mit einem Beil in der Hand im Haus herum. Draußen tobt ein heftiger Schneesturm, und im Haus knackst es an allen Ecken und Enden. Schließlich reißt sie die Eingangstür auf, mitten in der Nacht reißt sie die Tür auf, Schnee weht ihr ins Gesicht, aber da ist niemand, nur dieser Sturm, und meine Großmutter mit dem Beil in der Hand.
Später lebten die Großeltern in Mösel. Wenn wir sie besuchten, mit dem Auto von St. Leonhard im Lavanttal kommend, waren wir zumeist über das Klippitztörl gefahren. Mösel hatte nur ein einziges Gasthaus und vielleicht fünfhundert Einwohner. Mein Großvater, Ambrosius Pitsch, arbeitete beim *Funder* in der Holzverarbeitung. Später, als es sich mit dem Rheuma nicht mehr ausging, im Freien zu arbeiten, in der Sägeblattherstellung. Die Großmutter, Genoveva Pitsch, geborene Pirolt, leitete die Betriebsküche. Sie hatten überdies einen großen Garten zu bewirtschaften, einige Schweine und Hühner. Und vier Töchter.
Wenn ich an Mösel zurückdenke, kann ich sofort das Holz riechen. Und dazu viele Sommerbilder. Vor allem die Stille der siebziger Jahre. Die mir unendlich schien. Flirrende Hitze. Eisenbahnschienen. Staub.

Ich lese: Vier Prozent des Universums sind unseren Sinnen (im Jahre 2008) zugänglich, 22 Prozent sind *dunkle Materie*, 74 Prozent *dunkle Energie*. 700 Galaxien-Cluster fliegen von den verschiedenen Ausgangspositionen aus in die gleiche Richtung, mit der gleichen Geschwindigkeit, 1000 Kilometer pro Sekunde, hin zur Himmelsregion des Zentauren.
„Das glaubst du?! Aber du bist ja auch nicht ganz dicht!"

Der Tribun stürzte, fast gleichzeitig begann das Wüten der Pest, und Laura starb.

Während du denkst, handeln die anderen. Habe ich diesen Gedanken je irgendwo gewürdigt, den mein Vater mir gegenüber geäußert hat, als ich keine 25 Jahre alt war? Und gestern sagte er mir, als ich ihm ein wenig klagte, dass ich bestimmt noch ein weiteres Jahr an meinem neuen Buch schreiben müsste (Er hat mich gefragt: Was gibt es Neues? Hast du wieder ein neues Buch fertig?), *mach einfach, was du kannst.* Und ich dachte, vielleicht habe ich meinem Vater bislang zuwenig zugehört?

„Sie sind Nichtraucher, wie ich sehe?"
„Möglicherweise."

„Ich fahre nur in die Stadt, um Munition, Gitarrensaiten und Bücher zu kaufen", sagte ein befreundeter Schriftsteller. Seit seiner Kindheit liebe er alle Arten von Waffen, allerdings schieße er ausschließlich auf tote Ziele, eine Zwei-Euro Münze beispielsweise treffe er aus zwanzig Metern Entfernung. Und da sich der bayrische Filmemacher und Autor Herbert Achternbusch dieses Jahr als John-Wayne-Fan geoutet habe, getraue auch er sich dies. Im übrigen, so erzählte er mir, habe John Wayne den 33. und damit den höchsten Grad der Freimaurerei erhalten. Nach dem schottischen Ritus wurde er Souveräner General-Großinspekteur.

Da draußen, wo alles zu Erstarrung und Unbeweglichkeit tendiert, zu Kälte und Tod, bei diesen unglaublichen Minusgraden, die das Weltall beherrschen, treten die absonderlichsten Zustände auf, wo es Teilchen gibt, die längst keinen Ort mehr haben, Geister zweifellos, die in den Wolken hängen: Nicht Materie, sondern Strahlung; nicht Punkte, sondern Bilder.

Tod und Auferstehung.
Die Kelten feierten zu Weihnachten Neujahr: Ein Jahr stirbt und ein neues wird geboren.
Die Christen feiern die Geburt des Lichts in der dunkelsten Nacht: Das Eindringen des Geistes in die Materie.

Ich lese: *Dark Flow*: Unmittelbar nach dem Urknall hat sich der Raum selbst mit mehr als Lichtgeschwindigkeit ausgedehnt und Materie in Bereiche gebracht, die über 13,7 Milliarden Lichtjahre entfernt sind, deren Licht die Erde bis heute noch nicht erreicht hat.

Jeder Augenblick, in den du eintauchen kannst, ist auserwählt, wenn du ihn in all seiner Gültigkeit zu berühren vermagst und damit deine Ganzheit bewusst erfährst.

Die paar Fotos, die ich bislang gemacht habe, sind entweder im Bildaufbau stecken gebliebene Fernsehbilder oder auch aus einer Bewegung heraus oder in eine Bewegung hinein entstanden, unscharf, mehr abstrakte Bildzusammensetzungen, zufällig sich ergebende Codierungen, die ich gerne mag und die mir quasi entgegen gekommen sind, aus welchen Gründen auch immer.

Deine Seele kann man nicht reinigen, an keinem Tag und in keiner Nacht.

Wie lieb wir nicht waren, den ganzen Winter unserer Jugend lang, den ganzen Sommer und Herbst etc. *und an den Händen haltend*, die uns Sicherheit gaben, immer eine Nacht lang, wie jedes Gedicht stets eine Nacht lang gültig war, und dann noch eine, bis wir schließlich anfingen, unsere Gedichte und Geschichten zusammen zu führen, sie einander anzunähern, um irgendwann die absolute Leere dazwischen zu begreifen, von dieser berührt wurden: eine solche Freude, ein solches Gefühl der Liebe und Dankbarkeit, trotz unserer damaligen Traurigkeiten und Leiden, ja, trotz unserer Leiden, die unbegreiflich waren, auch wenn wir sie zumeist lässig abtaten.

M. und ich saßen auf dem Parkettboden inmitten unserer drei aneinander anschließenden Räume bei geschlossenen Fenstern und ausgeschaltetem Licht, als sie meinte, dass wir die Fenster aufreißen sollten, um unseren Seelen mehr Platz zu verschaffen. Ich war überrascht und gerührt von dem Gesagten, reagierte aber trotzdem recht unwirsch, indem ich auf den *Gemeinen Grashüpfer* verwies, der in den letzten zwei Monaten unser Gefährte geworden war und von dem wir nicht wussten, wo er sich im Moment gerade aufhielt, der diesen Augenblick möglicherweise nützen hätte können, um zu fliehen, was sein Todesurteil gewesen wäre, denn schließlich war draußen tiefer Winter. Der Grashüpfer war plötzlich auf einem Blatt des Zitronenbaums aufgetaucht, den ich zu meinem 40. Geburtstag

erhalten hatte und der in den Monaten zuvor sein Wachsen einfach eingestellt hatte. Aber plötzlich fing er an, neue, saftige, grüne Blätter zu bekommen, und gleichzeitig war auch der Grashüpfer aufgetaucht, ebenso hellgrün, – der dann in die saftigen jungen Blätter Löcher hineinfraß. Das war das einzige, das wir in den ersten Tagen seit seiner Ankunft bemerkt hatten. Er saß immer an der gleichen Stelle. Ein paar Tage später saß er auf einem anderen Blatt, schließlich manchmal auch auf zwei Blättern zugleich. Und irgendwann war er plötzlich verschwunden, blieb tagelang verschollen, war flügge geworden. Es war dies der Moment, von dem an er die Wohnung zu erkunden begann, in seiner unnachahmlichen Mischung aus Gehen (mit seinen langen Beinen war er erstaunlich schnell unterwegs) und Fliegen.
Wenige Wochen später war er tot. Die Tage davor brachte er auf den gelb-grün gestreiften Blättern unserer Ctenanthe zu, die eine schwierige Pflanze ist. Er musste in der Nacht herunter gekrochen oder herunter gefallen sein, jedenfalls saß er neben einem der Stengel und sah aus wie ein geparktes und stehengelassenes grünes Auto.

Filmszene: Ein Paar von hinten an der Theke. Beide tragen beschriftete ärmellose Shirts in unterschiedlichen Farben.
Auf ihrem steht: „Warte nur, Freundchen!"
Auf seinem: „Fahr zur Hölle, Baby!"

Tauwetter: „Der Gletscher weint."

„Wir spielen Schach mit den Göttern und nicht blinde Kuh."
(Georg Sidney)

Alle Gesichts-Züge aufzulösen, sie zu begrüßen, mit ihnen zu wandern, zu fliegen und zu brennen, sie gehen zu lassen, ohne dass eine Spur zurückbleibt.

Bärlauchknödel

Der Erzähler: Du bist auf sie zugetreten, die du gleich zu Anfang des Abends *erkannt* hast, wie solltest du es anders nennen? Gleich als ihr euch die Hände gereicht habt, war es eher eine Umarmung, wie sie dich *erkannt* hat ohne Umschweife und Ängste. Früher, in deiner Adoleszenz, als dir Ähnliches passierte, warst du sogleich unendlich aufgeregt, *greedy boy*, und hast nichts anzufangen gewusst mit dieser Erregung, die du nur als Erregung zu registrieren und zu verstehen wusstest und die so total war, dass du dich erfahrungsgemäß nicht einmal mehr bewegen konntest, einsamer Wolf – verloren in den vereinzelt zuckenden Gesichtsmuskeln.
Der Seelenbegleiter: danach gehst du einfach in den nächsten Augenblick, der dir keine Sicherheit bietet, nicht jenes Vertrauen, das du dir wünschst und so sehr begehrst! So wie jene Berührung zwischen euch beiden müsste das Vertrauen da sein, einfach auf dich zutreten und dir die Hand reichen.

Erst wenn du dein Leben nicht mehr mit anderen vergleichst! Erst wenn du dir deine Einzigartigkeit auserwählt hast, mag sie auch nicht sonderlich erfolgreich erscheinen, wie du es dir vielleicht erhofft hast, *damals*, als du die Reifeprüfung abgelegt hast, mit dieser unglaublichen Euphorie in deinen Augen, es ist dein Weg, stets nur deiner und der, den du lieben solltest, denn wie sollte er dich ansonsten lieben können?

Sie sagt: Jeder Augenblick, in den du eintauchen kannst, ist auserwählt, wenn du ihn in all seiner Gültigkeit berührst.

Du sagst: Was wird da gesprochen über mich?
Sie sagt: Deine Sprache muss sich in alles verwandeln können, damit sie überhaupt erst von dir sprechen kann.

Du hast keine Ahnung, warum sie da war. Zugleich war es das Selbstverständlichste, dass sie da war, denn eine Art Zeit- und Raumfenster hatte sich eigens für euch aufgetan. Du kamst aus dem großen hell beleuchteten Raum, in dem die Gäste unter dem riesigen Kristallleuchter standen oder langsam tanzten, in deiner unmittelbaren Nähe hörtest du Kinderlachen und irgendetwas fiel zu Boden, während sie dir in ihrem eng anliegenden dunkelblauen Kleid, das nur an den Schultern je einen winzigen roten Streifen hatte, entgegen trat. Diese Berührung war so voller Hingabe und Wachheit und sie ging weiter, als du denken konntest, reichte in viele Leben hinein und vibrierte dort.

Du sollst keine zögerlichen, keine sorgenvollen Gedanken mehr denken, welche nur das Resultat anerzogenen Verhaltens sind. Du sollst deine Zeit nicht mehr verplempern mit sinnlosem Geschwätz, das dich bloß einen Gedanken klüger erscheinen lässt als dein Gegenüber.

Dann war ich plötzlich inmitten vieler Bäume aufgewacht.

Deine Eltern haben dich dir ihr ganzes Leben lang all die Sicherheit gegeben, nach der du verlangt hast. Bei diesem Gedanken hast du Tränen in den Augen.

Ich frage mich, ohne in Wirklichkeit eine tatsächliche Antwort meinerseits zu erwarten, warum ich mir heute schon wieder keine Träume gemerkt habe, stattdessen abermals mit einem angeschlagenen und als dumpf zu bezeichnenden Schädel in der so genannten Ich-Form aufgewacht bin?

Draußen schneit es an diesem Sonntagmorgen im März, und die österreichischen Schifahrer bemühen sich redlich, wie so oft in den vorüber gezogenen Wintermonaten, meinem grundsätzlich patriotischen Gehirn, welches gleich nach meinem grundsätzlich egoistischen Gehirn kommt, während des Frühstücks eine *aufregende Gewinnerstimmung* zu vermitteln. Deshalb kommen sie schnell die Pisten herab in meine allerheiligsten Wünsche hinein, zu denen ich jedoch gewöhnlich keinen Zugang habe. Natürlich erinnere ich mich an die Schirennen, die hinter dem Haus meiner Kindheit stattgefunden haben, erinnere mich an die damaligen mit Schnee bedeckten Aufgeregtheiten unter unseren Schimützen. Gerne würde ich unverzüglich mit Skiern diesen Hang hinaufsteigen, die Schibrille zurechtrücken, immer wieder stehen bleiben, mich an den Schistöcken aufstützen und mit Bangen in dieses früh gelernte Publikumsbewusstsein hinunterschauen, mich dabei in den antizipierten Applaus, der dem Gewinner und dem tragischen Verlierer für die jeweilige Heldentat in Aussicht gestellt wurde, mit Worten des Dankens verlieren. Zu den Zusehern wollte ich nie gehören. Daran hat sich bis zum heutigen Tag nichts geändert. Held oder Verlierer, Held oder Verlierer, soweit ich mich erinnern kann, immer diese zwei Möglichkeiten. Irgendwie musste sich ja schon das Spermium, aus welchem ich dann mit meinen Sozialisationsproblemen hervorgegangen bin, in diesem Spiel durchgesetzt haben, wenn Sie sich vorstellen: Von den hundert Millionen Spermien, die täglich im Hoden eines Mannes produziert werden, trifft bloß ein einziges auf wiederum bloß eine einzige der maximal vierhundertfünfzig Eizellen im Leben einer Frau, die zur Befruchtungsfähigkeit heranwachsen?

Etwas zu tun, nichts zu tun, das Herz, es schlägt, immer wilder, genug, um es nicht zu verstehen, bis in den Wald hinein, bis zum *Kreuzerhügel*, bis an den Fluss, Kinderlärm auf der Straße, *der Sommer ist vorbei, aber der Sommer ist vorbei.*

Heute unzählige leere Kilometer, die ich auf dem Bildschirm zurückgelegt habe.

Versteckte Tiere; stillgelegte Zeit.

Paul Auster schreibt *Bücher*, die *wie Umarmungen von Freunden* sind.

Jeder Schritt wird vermarktet, jedes Insekt, das in deine Nähe kommt.

Erschöpfung lässt nichts mehr ausdrücken, *stärkere Wiese, Vogel fliegen.*

Viele Kinder sind in den Hinterhöfen und Taschentüchern versteckt.

Der Schriftsteller hatte sich mit einer Wiener Kollegin zu einem Gedankenaustausch im *Kaffeehaus Westend* getroffen und sie, während sie *über dieses und jenes* sprachen, gefragt, ob sie denn ebenfalls zur *Langen Nacht des Hörspiels* ginge. Sie antwortete, dass dies nicht unbedingt ihre Sache sei und dass sie überdies viel zu tun hätte, was umgehend einen Reflexionsprozess in ihm in Gange setzte, dessen Resultat es letztlich war, dass der Schriftsteller sich anstatt, wie er es eigentlich vorgehabt hatte, die *Lange Nacht des Hörspiels* aufzusuchen, dem Schneefall anvertraute und ziellos auf den Straßen herumwanderte. Bald aß er beim *Pizza Bizzi* in der Mariahilferstraße die Hälfte eines Stücks Pizza, bald *beim Ströck* in der U-Bahnpassage Karlsplatz einen ganzen Krapfen. Schließlich brachte er noch eine Weile im Stephansdom zu und begab sich danach in die Buchhandlung Thalia in der Landstraßer Hauptstraße. Als er dort das erste ihm in die Augen fallende Buch aufschlug, fand er folgenden Satz vor: *Gunst suchen ist erniedrigend, es unterbricht den Kontakt zu deinem wahren Selbst.*

„Ein Sprechen in offener Ambilvalenz." (Peter Pessl)

Einflüsterungen / aus der Luft gegriffene Reisen.

Diese Tage am Feuer, wo es kein Warten mehr gibt und kein Ankommen.

Jeder Augenblick, in welchem du deinen Erwartungen eine Abfuhr erteilst, ist eine Liebesgeschichte, eine durch und durch wahre.

Du musst eine Sprache finden, die alles erzählen, die alles sein kann.

Obdach, Steiermark. 2 Stunden Schifahren.

Rindsuppe mit Griesnockerl und Schlickkrapferl. Rindfleisch mit Erdäpfelsauce.

Der Anorak geht in einen Frühling hinein.

Niemals ein Ende in Sicht, ohne einen Anfang je gebraucht zu haben.

Du gewinnst deine Fassung wieder; du verlierst deine Fassung wieder. Keine Sätze zu gewinnen und auch keine zu verlieren.

Säuerliche Äpfel (zum Beispiel die Sorte *Boskop*) entkernen, aber mit der Schale in ein Gefäß geben, einen dreiviertel Liter Milch hinzufügen, 2-3 Esslöffel Zucker, langsam köcheln lassen, bis die Milch absitzt. Sollte dies jedoch nicht eintreten, da die Äpfel zu wenig Säure besitzen, ein bisschen Zitronensaft dazu geben.

Dreierschnapsen. Mama ein wenig zornig.

Schnell noch etwas Vergangenheit waschen!

Im Dezember kommt der kalte Winter.

Das Schreiben als achtsame Wanderung durch fragile Wirklichkeitsbehauptungen.

„Jedes Wort fühlte sich an wie ein Eiswürfel." (Stephen King)

In einer merkwürdigen, möglicherweise hinter meinem Rücken entstandenen Redeweise *beschleicht mich das bestimmte Gefühl*, ich, der ich noch gar nicht vollständig zugenäht worden bin mit den Stricken des Lebens, obwohl längst über dreißig, könnte vielleicht zum *Wunder Mensch*, dieser (scheinbar) ununterbrochen nach Verhaltensoptimierungen heischenden Überlebensmaschine, gar nichts Entscheidendes hinzufügen. Dieser Gedanke, sofern er manchmal in mein Bewusstsein tritt, stimmt mich dann, wenn ich ehrlich bin, zuerst eine zeitlang ziemlich traurig, und ich ziehe mich als Folge davon gewöhnlich in meine Schädelinnenseite zurück, gehe in meinen auswendig gelernten und jederzeit abrufbaren Handlungen spazieren oder falle höchstens in mein überirdisches, an der Kippe zu seinem individuellen Verschwinden befindliches Lächeln.
Wenn Sie sich jetzt fragen, auf was ich da eigentlich hinaus will

mit meinen Gedanken, antworte ich Ihnen gerne, aber unverbindlich, wie sich quasi von selbst versteht, dass es mir einfach Spaß bereitet, mich knapp vor dem Entstehen oder dem Begreifen und gleichzeitigem Durchsetzen möglicher Erkenntnisse (die jeglicher Natur sein können) in die eigenen und – im selben Augenblick (wie ich meine) – ebenso fremden, vor allem aber stillen Bilder einzutauchen, die dann, wenn ich nur lange genug bei ihnen verweile, wie Seifenblasen zerplatzen, *so fast unhörbar, so fast ohne Schritte*, als habe es sie nie gegeben, nicht einmal Bilder, denke ich.

Als ich vor Jahren (wann das genau war, weiß ich allerdings nicht) meine Eltern besuchte, begriff ich eines Nachts, nachdem ich einige an mich gerichtete Briefe gelesen hatte, warum ich in meiner Jugend so viel gelitten hatte.
Und dies hatte vor allem mit meiner Gier und meiner Suchtdisposition zu tun: All die großartigen Momente, all die Schönheit, all die Unbegrenztheit und tiefe Verlorenheit, *ich wollte alles haben und nicht mehr hergeben*, all die vielen Begegnungen, Berührungen, Wahrnehmungen etc. Weil ich jedoch begriff, dass ich mir nichts wirklich behalten konnte, stieß ich irgendwann alles von mir: *Entweder also, lieber Augenblick, du gehörst für immer mir oder verzieh dich mit all deiner Größe, deiner Schönheit, mit deiner unendlichen Tiefe!*
Zwanzig Jahre später beginne ich nun das *Fortgestoßene*, das *Abgedrängte* anzunehmen, es auftauen zu lassen, zu integrieren.

Ich habe meinen Verstand stets nur als Mittel zur Selbstoffenbarung gesehen, aber nie wirklich ernsthaft daran gedacht, ihn als Werkzeug innerweltlicher Zwecke auszubilden.

Zu tiefster Einsicht gekommene Straßengeräusche.

Ortsumgehungen / Waldwege / uralte Stimmen (*Voices from outer space* /gemixt) / Backwaren / OFFENES FENSTER /

die Menschen sind freundlich
wenn du tust
was sie von dir verlangen
träumen sie mit dir
nach Hause gekommen zu sein
aber auch wenn sie sich dabei sehr angestrengt haben
wechselt die Gegend
die ihre Heimat vorgibt zu sein
ständig das Gesicht
und jeder Augenblick
der dann zurück bleibt
ist bodenlos und einsam
dann beginnen sie von vorn
statt ein völlig anderer Mensch zu sein
in jedem Augenblick
alle Vorstellungen / fallen zu lassen / alle Erwartungen
aufzugeben
taufrisch : zu sein
in jeder Himmelsrichtung

Hier zu bleiben oder hierher zu kommen oder erst hierher zu kommen

Wenn du nicht weißt, wer du bist, nimmst du nur allzu leichtfertig jede daher gelaufene Identität an, so sie nur *verhaltensauffällig oder ausreichend gewinnorientiert* daher kommt.

Die Idee, dass man sich ein ganzes Leben ausgesucht haben könnte, weil man etwas braucht, beispielsweise eine bestimmte Entwicklung, gewisse Erfahrungen, so wie wir uns ja manchmal ein Buch oder einen Film aussuchen, *weil wir etwas Bestimmtes brauchen*, finde ich sehr erregend.

Da weht so ein Wind /manchmal / *geht auf eine Tür* / *ein besonderer Moment* / eine Wachheit / eine Ausnahme

Wenn du den Wecker nicht stellst, wachst du von selbst auf.

Vom Nieselregen vollständig durchnässte Holzstöße.

Und die anderen können dir mit ihren Belohnungen und Anerkennungen keine Angst mehr einjagen. Fortan meiden sie dich, denn sie brauchen deinen Kleinmut, um sich selbst zu bestätigen. Sie sagen dir, dass deine Liebe vergeht, dass du blind wirst und taub und dass du nicht davon kommst.
Erinnere dich, wer du bist, auf Schritt und Tritt, erinnere dich, wer du bist!

Man ist niemals allein, befindet sich stets in einem *Netz von Stimmen*, die zu dir sprechen, die aus dir heraus sprechen; man existiert in dieser Vielheit, die grenzenlos ist und zugleich existiert man als Einheit: *Authentizität der Vielheit und Einheit*.

Man wird geboren; irgendwann stirbt man, aber man verlässt niemals den Fluss.

Jedes Ereignis, auf das wir stoßen, hat unendliche Ursachen (ist unendlicher Natur).

Als es losging, saß Christoph M. (35) am Balkon: „Kurz vor 22.00 Uhr war eine Viertelstunde lang Wetterleuchten. Dann gab es plötzlich drei bis vier Blitze pro Sekunde. Bevor es losging, herrschte absolute Stille."

Erlösung befindet sich an keinem anderen Ort.

Erinnerte mich dieser Tage, dass in einem der Träume mehrere Personen miteinander Italienisch redeten, nur ich sprach eine äußerst holprige Version davon. Wie im wirklichen Leben, dachte ich.

Als ich am Südbahnhof auf der Rolltreppe stand und gedankenverloren in die Bahnhofshalle blickte, erwachte ich plötzlich und bemerkte, dass ich schon die ganze Zeit über M. anvisierte, die mir zugewunken hatte.

Die Welt ist nicht im Kopf, das Subjekt ist nicht im Gehirn, und im Gehirn gibt es keine Gedanken. Erst Lebensvollzüge erschaffen die Person, und das Gehirn moduliert und vermittelt die Umwelt.
Je mehr Alternativen du hast, desto freier bist du.

„Freiheit ist kein im Denken befangener Bewusstseinszustand. Das Denken kann niemals frei sein. Das Denken ist die Reaktion auf Erinnerung, Wissen und Erfahrung; es ist immer das Produkt der Vergangenheit und kann unmöglich Freiheit bewirken, weil Freiheit etwas ist, das in der lebendigen, aktiven Gegenwart, im täglichen Leben statthat." (Jiddu Krishnamurti)

„Was machst du so?"
„Ich versuche niemandem zu schaden."

Ich möchte allen Menschen das Gefühl vermitteln, dass sie zu Hause sind.

„Wenn du nichts gibst, wer bist du dann?" (K'anchaq Uma Juan)

Mich interessiert die Haltung eines Menschen, seine Sehnsucht und Kraft.

Sie blieben wie verwünscht (*erwürgt*) stehen.

Jemand fällt von einem Sessel mit Wolken vor dem Kopf.

Die Redwendung – *Wem sagen Sie das* – gefunden.

„Was auch immer du mit bewußter Absicht tust, schränkt die ursprüngliche und aus dem Verborgenen wirkende Schwingung der Großen Natur ein, stört den Fluß ihrer spontanen Bewegung. Nur wenn man an nichts denkt, wenn du nichts machst, sondern dich mit deiner Bewegung der Schwingung des Wesens überläßt, hast du keine greifbare Form mehr und nichts auf Erden kann als Gegen-Form auftreten; und dann gibt es auch keinen Feind mehr, der widerstehen kann."

„Wovon lebst du?"
„Von meinen geistigen Erfolgen."

M. hat irgendwann, und für mich in diesem Moment – da ich mich in einer extrem schwierigen Situation befand – gesagt: Dir wird immer etwas einfallen. Ich wusste sogleich, dass dies stimmte, weil es immer gestimmt hatte.

Du gehst nirgendwo mehr hin, um eine Erwartung zu erfüllen.

Nichts braucht diesem Moment hinzugefügt werden und nichts kann diesem Moment hinzugefügt werden.

Keine Reisen mehr anzutreten – in andere Länder oder zu anderen Herausforderungen – um dort meine Lebensgier auszuleben.

Jedes Sehnen bleibt letztlich unerfüllt, bis es sich in Licht und Weite aufgelöst hat.

„Du interessierst mich. Mit dir kann man Geld machen."

Du bist der, den du erreichen willst. Etwas, das du dir nicht ausgedacht hast.
Geh über deine Fachsprachen hinweg!
Lass alles zurück!
Was du erreichen kannst, hast du bereits erreicht.

Der Neid lacht, weil wir unsere Energien in Fähigkeiten und Sehnsüchte investieren, die kein Ende haben und stets in Depression, Manipulation und Gewalt ausarten, während du in Wirklichkeit stets Anfang und Ende zugleich bist.

Mein Meister hatte mir zu meinem Geburtstag eine Kalligraphie mit dem japanischen Schriftzeichen (*ishin*) geschickt, welches *Hingabe* bedeutet. Dafür dankte ich ihm von Herzen. An meinem Geburtstag hatte ich nun folgenden Traum: Ich hielt einen Blumenstrauß in Händen und sollte durch eine Tür gehen, die aus zwei durchsichtigen Plastikplanen, die vom Türsturz herabhingen, bestand. Zuerst dachte ich, *whow*, hinter dieser Tür beginnt das Land des Todes, und ich kann bereits hindurchschauen! Und während ich die Plastikplanen beiseite schob, sagte der Meister: „Einfach durch die Tür gehen und alles loslassen."

Wie oft es in deinem Herzen einen Stich gemacht hat, wie oft du es heraus reißen wolltest, um es wegzuwerfen, weil du den Schmerz nicht länger ertragen konntest, diesen *Lebensschmerz*: Resultat und Ausdruck jener Momente, in denen du vermeint hattest die Ewigkeit zu spüren.

Wenn du jetzt alles wegwirfst, wenn du jetzt alles zurücklässt, diese vielen Leben, all die Inhalte, die du dir in den verschiedenen Diskursen über die Jahre angesammelt, die du schwer erarbeitet hast, bleibst du in einer Weite zurück, die mit nichts mehr vergleichbar ist.
Wenn du jetzt alles wegwirfst, wo bist du dann?
Kannst du dann noch Fragen stellen?
In welcher Sprache, und wer würde dir antworten?

Prosa ist in sozial gebundenen Sprachkonstrukten operierende Rede, die jene dabei verwendeten Regeln und Grenzen ständig neu verhandelt, manchmal auch über sich selbst hinaus – *ins Offene* zu reichen vermag.

Draußen regnet es, du bist vierunddreißig Jahre alt, lebst in Wien, lebst mit einer Frau, mit deiner Liebe, du bist nie und nimmer vierunddreißig Jahre alt. Wieder spürst du diesen Schmerz, der ist so groß, dass es dich jeden Moment zerreißen könnte.

Ein Platzanweiser führt dich zu deinem Sitzplatz *im Gehirnkino*.

Wie oft du früher nicht ganze Tage auf einen Anruf gewartet hast! Nur um dann Jahre später zu begreifen, dass, auch wenn dieser Anruf tatsächlich gekommen wäre, bloß deine Euphorie ein paar Kapriolen geschlagen hätte.

Früher beruhigte ein Anruf dein Herz auf Tage hinaus. Später waren es dann nur noch wenige Minuten.

Die Menschen auf dem TV-Screen begreifst du schon lange nicht mehr.

Michael Jackson singt sich die Seele wund, während Horden von Menschen vor Ekstase kreischen, die an diesem Energiefluss beteiligt sind.

Du schuftest alle die Jahre wie ein Berserker, wirst der beste Fußballer deiner Generation, der teuerste Event-Manager, der größte Schriftsteller.
Du fragst deinen besten Freund: Und wofür das alles?
Aber was kann er dir schon kundtun, außer den Sorgen und Zielen, mit denen er gerade beschäftigt ist.

Du weißt in Wahrheit nicht mal, woher deine Gedanken kommen. Geschweige denn, was sie in dir oder in dieser Welt zu suchen haben.

Fußballer der argentinischen Liga schlagen aufeinander ein, als es im letzten Spiel um die Meisterschaft geht. Ein Spieler sagt in einem Interview, er hätte sein Leben für den Titel gegeben.

Meine Mutter hatte unlängst einen Traum, in dem ich noch ein Kind war. Sie erzählte, dass wir uns zu entscheiden hatten, ob wir nach Indien gehen wollten oder nicht. Sie wusste nicht mehr, wie sie sich entschieden hatte, aber ich jedenfalls wollte unbedingt nach Indien. Sie fand diesen Traum merkwürdig und konnte sich keinen Reim darauf machen.

„Lieber wär' ich verschwunden / oftmals."

Das letzte Mal, als wir den *Grünen See* umrundeten, der sich in der Nähe von Bruck an der Mur in der Steiermark befindet – dieser Spaziergang fand nach dem Geburtstagspicknick statt, das ich mir von meinen Eltern gewünscht hatte –, dachte ich plötzlich: So wie wir Orte, Berge, Seen oder Menschen aufsuchen, suchen wir auch Dichter und deren Werke auf oder Musiker, Komponisten, Wissenschaftler und deren Werke. Manche Plätze sind nur Eingeweihten zugängig, dann gibt es die für Touristen aufgeputzten und in Prospekten abgelichteten Orte oder winzige Waldwege, die nie jemand bewusst bemerkt, einmalige Flussüberquerungen, Bergwanderungen, bei denen man Führer braucht. Das alles sind *geistige* Orte, Bewegungen, Expressionen, Inhalte, Verdichtungen, dachte ich.

„Wie könnte man von sich behaupten, eine Wissenschaft der Vorverständnisse zu betreiben, ohne an einer Wissenschaft der eigenen Vorverständnisse zu arbeiten?" (Pierre Bourdieu)

Ich erinnerte mich gerade eines wirklichen *magic moments*, als die Köchin im Adlerhof, die stets so gegen 22 Uhr das Lokal verlässt, sich aufgrund der an diesem Abend außergewöhnlich zahlreichen Lokalbesucher zwischen den in der Mitte des Raumes zusätzlich aufgestellten Sesseln hindurch schlängelte und alle Anwesenden, wie auf ein geheimes Zeichen hin, zu klatschen anfingen.

Felder mit großen Wasserlachen, Scheibenwischer, endloser Regen.

Sie sagt: „Wir sind uns bereits vorgestellt worden."
Er antwortet darauf: „Vielleicht in einem anderen Leben."
Sie: „Kann sein."

M. schrieb mit aus diversen Zeitschriften herausgeschnittenen Buchstaben auf unseren Holzfußboden: *Ich bin die Natur, sagt die Kultur.* Später tranken wir gemeinsam ziemlich viel Wodka, und sie erzählte mir von bestimmten Träumen, in denen sie niemals nach Hause komme, da die Gegend ständig wechsle. Ich war ganz ergriffen ob dieser *Haltlosigkeit* und habe sie, die bitterlich geweint hat, festgehalten.

Bevor ich's vergesse: Ich möchte gerne eine Photographie anfertigen, die den Titel tragen soll: *Ein Auto für die Ewigkeit.* Man sieht darauf zwei Menschen mit einem Kleinwagen durchs Weltall gleiten. – Es sind meine Eltern.

Das andere: ich habe meinen rechten Arm um mich als kleines, vielleicht sechsjähriges Kind gelegt. Oder um mich als bereits Zwanzigjährigen, dem in diesem Augenblick meine ganze Anteilnahme, mein ganzes Mitgefühl gilt.

Ich liebe es, über Simmering aus der Stadt hinaus zu fahren, den Gras bewachsenen Straßenbahnschienen zu folgen, am Zentralfriedhof vorbei ins Land zu fahren, auf der Bundesstraße, Bäume, Felder. Später dann Wein. Vielleicht endloser Regen. (Aber hatten wir das nicht schon?)

Im *Erlebnisbad Rust* las ich M. einen Gedanken des großen Zen-Meisters Shunryu Suzuki aus dessen Buch ZEN MIND BEGINNERS MIND vor: *To stop your mind doesn't mean to stop the activities of mind. It means your mind pervades your whole body.* Danach fügte ich hinzu: „Diesen Gedanken musste ich dir schon kundtun, damit du ihn weiter sagen kannst, wenn ich einmal nicht mehr bin." M. antwortete darauf: „Den kannst du selber weiter sagen, wenn du einmal nicht mehr bist."

Das in Einmachgläsern eingelagerte Leben / lange Stillen / jetzt bist du da und morgen / morgen bist du auch da / wenn du Wasser trinkst / wenn du durstig bist / du hast Glück / hast kein Glück / wer kann das sagen / vielleicht gehetzt / vielleicht nicht einmal das /

M. hat in unserer Wohnung eine Pharaoameise gesichtet: *Monomorium pharaonis*, Arbeiterin nur 2 – 2,5 mm lang, bernsteingelb, Hinterleibspitze dunkel.
Ameisen sind, wie wir in Erfahrung gebracht haben, sehr geruchsempfindliche Tiere, weshalb man versuchen kann, sie mit Brühen zu vertreiben. Dafür verwendet man beispielsweise frische Triebe oder zerriebene Blätter von Rainfarn, Wermut, Kampfer, Kerbel, Majoran, Thymian, Pfefferminze, Wacholderblätter, Kapuzinerkresse, Holunder (12 Stunden einlegen, aufkochen heiß oder kalt gießen).

Als ich gestern an der Kreuzung Landstraßer Hauptstraße Rochusgasse darauf wartete, dass die Ampel auf Grün umschaltete, stand neben mir ein *Rastaman*, Mitte zwanzig, telefonierend. Ich konnte nicht anders, als ihm zuzuhören, der da plötzlich sagte: „As I always say, be relaxed and let it go." Erstaunt blickte ich ihn an, der nun vermeinte, sich entschuldigen zu müssen, vermutlich weil er dachte, zu laut geredet zu haben. Daraufhin zeigte ich den Daumen nach oben, lächelte ihn an, er lachte nun auf und erzählte die gerade erlebte Situation im Weitergehen seinem Gesprächspartner, denn die

Ampel war eben auf Grün umgesprungen.

„Wir lieben und dienen anderen Menschen, indem wir ihre Fähigkeiten ans Licht bringen, und zwar durch Verständnis, durch die Vermittlung von Einsichten, durch das Heilen einer emotionalen Wunde, durch Vermittlung von Wissen und durch unzählige andere Arten, auf allen Ebenen, bis hin zu der spirituellen." (Piero Ferrucci)

„Du hast lange nicht gewusst, was du in dieser Welt verloren hast!"

Und dass ein Gedanke plötzlich, von einem Moment auf den anderen, aktiv (attraktiv?) werden kann („Schläfer").

Eine Frau im Vorbeigehen: „Im Jahre Schnee sitzen."

Auf der Rolltreppe der U-Bahn-Station am Rochusplatz ging ich, wie es meine Gewohnheit ist, die Stufen hinab. Eine junge Frau versperrte mir den Weg, die alsdann von ihrem Lover zur Seite gezogen wurde, der dabei sagte: „Links gehen, rechts stehen." Wahrhaftig ein politisches Statement, dachte ich.

Sollten wir jemals einen Hund haben, würde er *Sapperlot* heißen.

Schwer atmen / am Boden / nackt

Wie hat Goethe gesagt: Die höchste Kultur, die ein Mensch sich geben kann, ist, dass niemand nach ihm fragt.

Wer bist du, jetzt, in diesem Augenblick, und morgen, in zweihundert Jahren, dann?

Laut Meeresschutzorganisation *Oceana* werden weltweit jede Stunde rund 675 Tonnen Müll direkt ins Meer geworfen – etwa die Hälfte davon ist aus Plastik. Nur 30 % schwimmen an der Wasseroberfläche. Der Rest sinkt auf den Grund. So vergehen 500 Jahre, bis sich der Kunststoff in giftige Bestandteile aufgelöst hat. Im Nordpazifik treiben drei Millionen Tonnen Plastik. Diese Fläche übersteigt die von Mitteleuropa.

Man umarmt einander, winkt einander zum Abschied, immer dieselbe Szene, du stehst da und winkst; manchmal sitzt du auch im Zug, in einem Bus oder Wagen, – und winkst, *mehrere Leben lang*.

Wenn die Wehmut ganz groß ist, spürst du die Jahrhunderte auf deinem Buckel.

Truth ist Life.
Gefunden im Frank Lloyd Wright Home and Studio im Oak Park, Chicago, private Residenz und Arbeitsplatz, wo der Architekt von 1889 bis 1909 mit seiner Familie gelebt hat.

Meine Rückenschmerzen sind vermutlich Resultat jahrzehntelang herumwandernder Gedanken, denn selten genug war ich ausreichend im Körper, während ich meine Tätigkeiten ausführte.

Dann gehe ich spazieren, wie die Katze auf dem heißen Blechdach, *unbeteiligter Fremder*, und pfeife ein fröhliches Lied.

Vor Jahren habe ich ziemlich viele Deutsch-Kurse abgehalten. Die meisten davon an Volkshochschulen. Ich habe den Menschen, die aus verschiedenen Ländern, aus verschiedenen sozialen Schichten kamen, ob Frauen, Männer, Kinder, Alte und Junge, bestimmt auch einiges beigebracht, was die Deutsche Sprache und deren Handhabung betrifft, aber hauptsächlich habe ich sie alle, wie mir erst dieser Tage bewusst geworden ist, *willkommen geheißen*. Ich habe sie begrüßt und ihnen das Gefühl vermittelt, sie seien willkommen. Nicht, dass ich nicht auch unterrichtet hätte. Aber jede beiläufige Geste, jede Pause, in der ich mich unterhalten habe, jeder Moment, in dem jemand gelächelt hat, in dem ich gelächelt oder in dem ich jemandem *bewusst* die Kreide, wenn sie zu Boden gefallen war, gereicht habe, war um ein Vielfaches wichtiger: das gemeinsame Aufheben, ein Sonnenstrahl, der zum Fenster herein fiel, das Schweigen einer Frau, die ein Kopftuch trägt und ganz versunken ist, wenn du die Tür aufmachst.
Ich erinnere mich auch, dass wir zu Weihnachten stets „Frohe Weihnachten und ein gutes Neues Jahr" an die Tafel schrieben – in all unseren Sprachen – und dass wir diese Wünsche anschließend gemeinsam vorlasen. Und immer hatte ich auch, bereits nach wenigen Tagen des Unterrichtens, die Empfindung, als ob wir uns ewig schon gekannt hätten.
In Wahrheit war das mehr als merkwürdig, denn schließlich kamen wir ja aus verschiedenen Kulturen, geleitet manchmal sogar von verschiedenen Kalendern.

Die Flügel der Maschine wackelten beträchtlich. Draußen hatte es an die 60 Minusgrade. Nur die schwache Beleuchtung der Monitore erhellte den leicht unterkühlten und im Grunde irrwitzigen Raum. „Da gehörst du nicht hin, nicht in 13 000 Meter Höhe", sagte M., während ich gerade den Bewegungen von *Kate Winslet* folgte, die mir selbst aus dieser seltsamen

Ferne, in der ich mich befand, fremd und klar, entschlossen und weich vorkamen.
Es war dies im Flug von Amsterdam nach Detroit, als ich diesem Film folgte, in Wahrheit Kate Winslets Bewegungen, und ich wissen wollte, worum es da überhaupt ging. Ich sah mir den Film allerdings nicht auf meinem Monitor an, sondern auf jenem der Frau, die schräg vor mir saß. Und es waren die Bewegungen der Schauspielerin, die mich diesen Film überhaupt folgen ließen, nachdem ich mir zuvor schon einige der zur Auswahl gestandenen Filme und Serien zur Zerstreuung angesehen hatte, während sich die Maschine mit 900 km/h bewegte, einen Martial Arts Film, an dessen Titel ich mich nicht erinnerte und *American Beauty*, in dieser Höhe, wo ich nicht hingehörte, wie M. gesagt hatte.
Kate Winslet hatte darin eine Affaire mit einem um vieles jüngeren Burschen. Ich fragte mich, was wohl passieren würde, nachdem sie ihn, wie zu erwarten, eines Tages verlassen hatte. Aber bald darauf verlor ich das Interesse an der Geschichte und schlief ein. Zwei Tage darauf entdeckte ich in der Universitätsbuchhandlung der Bowling Green State University in Ohio das Taschenbuch *The Reader* und kaufte es. Mit Kate Winslet auf dem Cover. Nach etwa hundert Seiten brach ich die Lektüre ab. Wie manche Geschichten an einem gewissen Punkt aufhören oder an einem vorbeigehen (und man sieht ihnen noch eine Weile zerstreut oder verdutzt hinterher), dachte ich, um möglicherweise Jahre später oder auch niemals wiederzukehren. So wie manche unserer Gedanken, auch sie können *Schläfer* sein, die jahrelang in uns existieren, immer wieder mal auftauchen, als kämen sie zu einem Kaffeekränzchen vorbei, oder man erzählt vielleicht sogar von ihnen, reißt Witze über sie, dann aber entfalten sie – zumeist in einem einzigen Moment – all ihre innewohnende Kraft.

Eigentlich bin ich ein Jäger, mit allem Respekt für das Sein und der Wechselseitigkeit von Geben und Nehmen, und lebe als Bibliothekar und Verwalter ein paar daher gelaufener und aufgeblasener Geschichten.

„Es würgt mich, so stark ist das Gefühl, dir nicht zu gefallen."

Jede Wahrnehmung ist verkaufbar.

Ich fand heute in alten Aufzeichnungen die Idee, ein T-Shirt zu machen, auf dessen Rückseite zu lesen ist: Ende der Verfolgungsjagd.

In den meisten gesellschaftlichen Situationen brauchen wir nur mit dem Kopf zu nicken und tun dies auch.

„In wie vielen Betten ich damals erwachte! Links oder rechts von mir Menschen, die ich nicht kannte. Und alle diese Nächte führten nirgendwohin. Ich strebte eine solche Liebe, die mich von all den maßlosen Zwängen, die auf mich einwirkten, endlich befreit hätte."
„Du warst mit Leib und Seele verloren."

„Was tust du, wenn du dir einen Film anschaust oder in einem Buch liest?"
„Ich schalte mein Bewusstsein ab, absorbiere die Muster der Geschichten und der sich darin aufhaltenden Werte?"
„Und was tust du, wenn du ehrlich bist, während des ganzen Tages?"
„Ich bringe Schaltflächen meines Gehirns mit anderen zusammen?"
„Und wo bist du die ganze Zeit über?"
„Wer sollte hier wo sein?"

(Immer noch tue ich so,
als ob alles ewig so weiter ginge)

Keinen Gesichtausdruck mehr machen *für jemand anders*, keine Geste oder sprachliche Referenz, die den Kontakt zu dir unterbindet.
Von wem sprichst du eigentlich, sag schon!

In Wahrheit hören dir die meisten Menschen, die dir entgegen kommen, überhaupt nicht zu, sondern warten nur *auf die eine Pause*, die du notwendigerweise machen musst, damit sie ihren Monolog fortsetzen können.

Vor 35 Jahren forderte mich mein Geographielehrer, an dessen Namen ich mich nicht erinnern kann, auf, an die Tafel zu kommen. Der Lehrer wies irgendwann mit seiner Hand zum Fenster hinaus und fragte mich, was ich dort draußen sähe. Ich antwortete in etwa: Ich sehe ein Haus, einen Zaun, einen Weg. Er aber sagte: Falsch. Falsche Antwort. Und fragte weiter: Was siehst du? Denn der Geographielehrer wollte *die Abstraktion hören*, er wollte, dass ich sage: *das Aichfeld, ich sehe das Aichfeld, Herr Lehrer*. Aber das *Aichfeld* konnte ich nirgendwo sehen.

„*Folge deiner Agentur bis ins Herz!*"

Nimm starke Empfindungen, Begegnungen an, ohne die Absicht zu haben, daraus eine Geschichte zu bauen.

Unser Kater Max am Rücken liegend. M. krault ihn. Auf mich macht er einen zufriedenen Eindruck, aber M. meint, er habe Angst. Musste im gleichen Traum in eine Gasse ausweichen, die extrem winzig war, und so kletterte ich wie Spiderman die Wände hoch.

Als Jugendlicher und Irrwahnerwachsener musste ich oft unendlich viel rauchen und trinken.

Die Angst, etwas verstecken zu müssen, aufgeben, denn das Energiefeld des Geheimnisses sucht sich ein Pendant, das es verstärkt. „Dann laufen überall nur noch die *Geheimniskrämer* herum."

Die Frage ist immer: Wo fangen wir an und wo enden wir? Bei den Eltern, in den Genen, in der Umgebung, den Krokodilstränen, als Fisch, im Wald, in der Erde, den neuronalen Netzwerken? Als Aminosäure?

Im Halbschlaf sprach ich: *Ganz in diese Asche reingehen.*

Traf im Traum einen Schulfreund und sagte voller Freude, Ehrfurcht, Neid, Erstaunen, nun bist auch du Vater geworden, und er antwortete darauf, dass er und seine Gemahlin eine *siebenundzwanzigjährige Frau* adoptiert hätten. Auch ein anderer Freund kam im Traum vor, und ich freute mich und meinte, wir könnten nun wieder wie in alten Zeiten *an den langen verregneten Herbstnachmittagen unserer Adoleszenz* Poker spielen und dabei die Salzgurken seiner verdienstvollen Großmutter essen.

Vielleicht geht es tatsächlich einzig darum, die eigene Geschichte zu entfalten, immer mehr Verbindungen wahrzunehmen, zu entwickeln, sie wachsen zu lassen, den Blick auszudehnen, vielfältige Bewegungen, unterirdische auch, wir aber beschäftigen uns lieber mit den Geschichten von anderen, lassen uns deren *Stories* auftischen, weil diese uns interessanter und erfolgreicher vorkommen (besitzergreifender! ausbreitender!), aber vor allem, weil sie sich in unerreichbarer Ferne aufhalten.

So brauchen wir deren Konsequenzen nicht zu leben.

In Chicago probierte ich in einem Levis-Store einige Hosen. Bei einer davon entfuhr dem Verkäufer der Satz: „Diese Hose sieht ohne Sie besser aus!"

In einem Traum lenkte ich einen Wagen unter Wasser.

Heuer besuchte ich das Grab meiner Großeltern in Guttaring (Kärnten), zündete eine Kerze, die ich zuvor im Sparmarkt Ratheiser gekauft hatte, an, als ich am Grab stehend, unvermittelt, heftig zu weinen anfing.

Du brauchst nicht, wie es dir manchmal vorschwebte, eine *ganze Geschichte* zu erzählen, sondern nur diesen einen Punkt zu berühren (und ihn schließlich auszudehnen), wo du *in diesem Moment* angekommen bist, *in deiner Hingabe, in deiner Aufmerksamkeit*, das ist die ganze Geschichte.

„Ich hab' nie ein Vorbild gehabt und auch nie eins wollen. Ich hab' immer nur ich selber sein wollen und hab' immer nur so geschrieben, wie ich selber gedacht hab'."
(Thomas Bernhard)

Es geht auch immer um die Frage: Was bist du bereit zu erfahren? Oder auch um die Frage: Wie kann ich dir helfen?

Eine Sekunde Realität, Schlag ins Gesicht.

Im Traum von letzter Nacht habe ich meinen Vater im Flug gerettet. Er stand auf einem Balken, der sich auf einem Wolkenkratzer befand und hämmerte gerade einen Nagel hinein, als er plötzlich zurückfiel, und ich, der ich mich irgendwo darunter

aufgehalten haben musste, sprang hinaus und fing ihn mit beiden Händen.
Keine zwei Stunden nachdem ich diese Aufzeichnungen in mein schwarzes Notizbuch geschrieben hatte, *skypte* ich erstmals mit meinen Eltern, und meine Mutter erzählte mir, dass mein Vater beim Suchen von Pilzen gestürzt und dabei einen Hang hinunter gerutscht sei, aber zum Glück am Rücken einen Rucksack getragen hätte und deshalb auch alles gut ausgegangen sei.
Hatte ich meinen Vater im Traum aufgefangen?
Kann ich reisen wie Schamanen?
Aber wer ist der, der da reist?

In einem weiteren Traum war ich eine *Mischung aus Lehrer und Komiker* und verlautbarte etwa in der Mitte der von mir zu haltenden Unterrichtsstunde, dass ich im Folgenden etwas über Meditation erzählen würde. Es begann damit, dass ich meinte, ich bräuchte es, in Zeitnotstand zu geraten, um so erst richtig in Form zu kommen.

Bei unserem ersten Abend in Bowling Green haben Geoffrey C. Howes, Professor für Deutsche Literatur und Sprache am German Departement der Ohio State University, und ich im *Easy Street* nach einem Song gesucht. Es war *Come On Eileen* von den *Dexys Midnight Runners*, und gerade als wir uns endlich bis zum Titel und Bandnamen durchgestolpert hatten, spielten sie den Song, quasi als Dankeschön, unsere Bemühungen betreffend, vom Band.

Aufgewacht mit dem Satz: Und Vogelrufe nach Süden gespannt.

The inspiration is the deadline. (Paul Taylor, 85, Choreographer)

ganz stark zu spüren die Kraft
der Träume und Worte sich im Mund
verdrehen das Meer trägt alles
fort das Schiff ich schlafe
an seiner Seite viel Regen / noch
geht kein Wind

Fritz Reichles großartiger Film *Monte grande* skizziert die letzten Lebensjahre des chilenischen Biologen und Neurowissenschaftlers Francisco Varela, der am Ende und zum Ende seines Lebens – wie mir in Erinnerung blieb – in etwa sagte: Man stirbt so, wie man gelebt hat. Tatsächlich sagte er: „DEATH REALLY IS A MIRROR, WHATEVER YOU SEE, IT'S YOUR OWN STATE OF MIND."

Du hast keine Müdigkeit mehr, in die du dich zurückziehen könntest, *als hätten die Wolken das Licht zerrissen.*

Einer meiner Freunde saß auf dem Dach eines großen Fabriksgebäudes, das sich in einem Niemandsland befand; ich war wohl in der Nähe, blieb aber unsichtbar. Er hockte verkehrt auf einem Mauersims und sprang plötzlich rückwärts. Meine Angst, er würde abstürzen, war unbegründet, denn er landete sanft auf einer Matratze, die ein wenig tiefer hinter ihm lag und die ich offensichtlich nicht bemerkt hatte. Selbst im Traum ist es nicht anders: Du siehst immer nur Ausschnitte und bestehst seltsamerweise auf die Ganzheit (und damit Geschlossenheit) deiner Wahrnehmung.

Um 7:10 sitze ich am Küchentisch, erster Schneefall, große schwere Flocken. Die Intensität, mit der man meditiert, ist der

Boden, den man zubereitet, um ein übergreifendes Erlebnis möglich zu machen. Einer der berühmtesten Zen-Meister hat laut verkündet, dass er die *Große Wesensschau* 13 mal erlebt habe, kleinere Formen (kürzer und weniger wirksam) unzählige Male.

Der normale Kopf scheitert am Drogenkonsum, weil er diese extreme Intensivierung des Geisteserlebens (und damit der Wahrnehmungserweiterung) nicht aushalten kann. Vor allem jedoch vermag er deren Folgen nicht zu ertragen. Nach dem Wegfall eines solchen um sich greifenden Geisteserlebens allein gelassen, erscheint nun die eigene beschränkte Subjektivität tausendfach armseliger als je zuvor.
Das haben alle starken Empfindungen so an sich, egal ob du nun ein Fußballspiel gewinnst und dabei den entscheidenden Elfmeter geschossen hast oder eine Erkenntnis sich dir mitgeteilt hat, in die du dich verliebt hast, dein Herz übergegangen ist, etc., irgendwann kommt der Rückschlag, und die „andere Seite" fordert ihren Tribut.
Aber alle wollen wir fortwährend in diesen lichten Momenten höchster Lust wandeln, nirgendwo anders wollen wir sein, ununterbrochen uns ausbreiten, in Lust und Wahrnehmung.
Wie hat Nietzsche gesagt: Alle Lust will Ewigkeit.

08:14, der Fernseher läuft, *Melrose Place*, M., die schon seit sechs auf ist, ist nun, bei ihrem ersten Kaffee, gleich wieder eingeschlafen. Der Kater liegt auf dem Fenstersims mit Kopf und Pfoten auf der Heizung.

Poesie geht ins Leere und kommt daraus, so spüren wir alle unsere Heimat, wenn unsere Interessen abdanken, in einer weiteren Phrase auftauchen.

Drei Berglöwen kamen den Hang vor dem Haus, in dem ich aufwuchs, herunter, und ich dachte: die Heiligen Drei Könige, schloss die Tür und fürchtete mich sehr, denn jetzt kamen die Heiligen Drei Könige zu mir, während ich mich bereits unter die Bettdecke verkrochen hatte. Gleichzeitig wollte ich mich dieser Angst aber auch hingeben und stellte mir vor, wie mir einer der Berglöwen (Kaspar oder Melchior?) den Kopf zerbiss. Als ich aufwachte, hatte ich das englische Wort REMNANT auf der Zunge.

Alles, was ich sage, ist haltlos.

Kaum lebe ich drei Tage lang in ein und demselben Hotelzimmer, habe ich bereits das Gefühl, dorthin zu gehören, als ob ich immer schon dort gewohnt hätte. War es etwa Kaspar, der mir verstohlen mitgeteilt hatte, dass sich auf den Straßen rund um das Hotel nur noch *desolate Täter* aufhielten?

Zeit spannt ihre Flügel
Jahre / wohin / das Leben
keinen Halt mehr finden

Und keinen Traum mehr entfernt passierte je etwas.

Ihr ganzer aufgeweckter Körper ist nur von einem kurzen roten Faltenröckchen und einem bis zum Bauchnabel reichenden weißen Blüschen verdeckt. Auf dem Kopf trägt sie eine weiße Mütze mit einem roten Kreuz, ihr Mund ist blutverschmiert und in Wirklichkeit sehr schmal. Weil mir diese Beschreibung doch merkwürdig vorkommt, *google* ich *Krankenschwester mit Mütze* und bin umgehend beim *Emergency set,* das es um 34 Euro zu erwerben gibt (A nurse costume for mischievous women who are daring to realize their fantasies. Set contains a bra, a thong, a nurse cap and gloves. The bra is in a fashionable bikini cut, it has unique red circles in flowers with white crosses on both).

Ich sitze im Clazel (Bowling Green), einem umgebauten Kino (1926 eröffnet, making it the oldest single-screen movie theater in Ohio) an der Bar und frage den neben mir Stehenden als Jesus Verkleideten, was denn das für ein seltsames Fest sei, dass die Amerikaner da feierten. Er antwortet, es handle sich um *Halloween*, um ein altes keltisches Fest, the ancient Celts, sagt er, believed that the border between this world and the Otherworld became thin on Samhain, allowing spirits (both harmless and harmful) to pass through. The family's ancestors were honoured and invited home whilst harmful spirits were warded off. Das Halloweenbrauchtum stellt eine Mischung aus Herbst-, Heische- und Verkleidungsbräuchen dar. In diesem Sinne sei es vergleichbar mit Bräuchen zu Kirchweih (Kilbesingen), zu Erntedank (Räbenlicht), zu Martini (Räbechilbi, Martinisingen, Martinssingen), zu Allerheiligen (Rubebötz, Rübengeistern) sowie in der Vor- (Bochselnacht, Rauhnacht, Anklöpfeln, Andreasnacht, Glowesabend, Sunnerklauslaufen) und Weihnachtszeit (Rummelpottlaufen), ein Fest der Geister, sagt Jesus, viele umherlaufende Psychopathen, Untote, mit Äxten im Kopf, zerteilt, aufgekratzt, und ich betrachte erneut das extrem kurze Röckchen, und höre, wie ihr blutverschmierter Mund mich fragt, ob ich ein weiteres Guiness möge. Ich nicke, und dabei fällt mir auf, dass der Dj schon die ganze Zeit über die Sau raus lässt. *Alle Anwesenden winken mit ihren im vollen Saft stehenden Körpern ihren möglichen Sexualpartnern zu.* Gerne würde ich jetzt einen Joint durchziehen, denke ich, und in eine Isolation übergehen. Die Ausgelassenheit nimmt nun rasant zu und die Psychopathen, Hexen, Hexenmeister, als Joker verkleidete Männer und dazu Schwertkämpferinnen strömen wie verrückt ins Clazel, was mich zu der Frage bringt,

was die wohl alle für Drogen nehmen? Aber die brauchen keine Drogen zu nehmen, denke ich, die haben ja dafür ihre Jugend bekommen, die sich selbst abfeiert, *die Jugend ist eine extrem explosive Droge.*
Das Problem aller Drogen ist es jedoch, dass man zurückkehren muss in diesen winzigen Verstand hinein, der so tut, als ob er die Herrschaft über das Leben innehätte. Deshalb ziehen es auch manche vor, für immer weg zu bleiben, nicht wieder zu kehren. Tauschen nichts mehr ein. Liegen tot auf dem Boden. Wie Holzstücke, oder leere Papierschachteln.

Hingabe, ohne Vorbehalt, ohne Morgen, die Liebe.

Die Luft ist nass mit Stimmen.

...bis du irgendwann schließlich nur noch den dir entgegen kommenden Menschen zuwinkst, dich verbeugst, Angeln gehst, einen Apfel isst, das Heu einholst, dich verbeugst, nicht mehr zurückkehrst, auch nicht tot am Boden liegst, winkst aus deiner Lust, die an allen Ecken und Enden des Universums tanzt, *du darfst jetzt alles sein.*

„Ich bin einfach zum Schreiben da", sagte Philip Roth einmal. „Und wenn ich nicht schreibe, komme ich mir vor wie ein Wagen, dessen Räder im Schnee durchdrehen."

Eine Kuh fällt vom Himmel auf eine Hochzeitsgesellschaft.

Angst hat immer ein bestimmtes und ein bestimmendes Zuhause.

Ich erinnerte mich heute jenes Statements von Thomas Bernhard im Film *Drei Tage* von Ferry Radax, darin dieser gemeint hatte, irgendwann käme der Punkt, an dem man alles hinter sich lassen müsse, alle Wert- und Weltvorstellungen, und damit müsse man Pascal hinter sich lassen, Montaigne hinter sich lassen, Novalis und Wittgenstein; irgendwann musst du allein weiter gehen, alles, was dich vielleicht jahrelang am Leben erhalten hat, was dich inspiriert, dein Leben bereichert hat, zurücklassen, weil nun sämtliche vorgegebenen Wege oder ausgeklügelten Gedanken von dir als *inakzeptabel* angesehen werden, du keine Muster mehr hinnehmen, geschweige denn annehmen kannst, alles von dir weist, was nicht aus dir selber kommt und damit aus deinem vollen Leben, und schließlich nur noch dieses vorweist, zum Ausdruck bringst.

Eine hochschwangere Frau, die auf einem Hausdach lebt.

Ich war in einem Wald unterwegs, als ich plötzlich eines Wesens ansichtig wurde, welches offensichtlich *halb Mensch halb Baum* war, moosbewachsen und das am Kopf und im Gesicht dazu noch Flechten und kleinere Äste hatte. Zuerst machte mir das eher Angst, aber als das Wesen mich einlud, mich auf es zu setzen, nahm ich dessen Einladung gerne an, und es sauste in unglaublicher Geschwindigkeit den Waldweg entlang. Einige Bekannte kamen einen Hang herunter, und während ich ihnen hellauf begeistert mein Erlebnis mitteilte, meinte jemand, dass es sich höchstwahrscheinlich um eine Figur aus der Sagenwelt handelte. Seltsamerweise enttäuschte mich dieser Gedanke, als ob die darin angesprochene Welt nichts mit der von mir gemachten Erfahrung zu tun gehabt hätte.

Nachdem sich der Fußballer Roman Wallner frühzeitig im Abseits seiner viel versprechend begonnenen Karriere verlaufen hatte, feierte er dieser Tage ein überraschendes Comeback auf den österreichischen Fußballplätzen. Den Leitsatz „Spiele jedes Spiel, als wäre es dein letztes", in Griechenland von einem polnischen Mannschaftskollegen übernommen, setzt er nun – auf eine sehr beherzte Weise – in den gegnerischen Strafräumen um.

Man ruft dich / in diesem Moment / in diesem vorletzten Moment / durchsetzt von Menschen / von Tieren / von einem Wetter /

Depression: Wenn du den Kontakt zu deinem Sein, das dir vorausgeht, verloren hast und nur noch irgendwelche *Weltreferenzen* in deinem Körper *herumgeistern.*

„Wir konnten im Traum nicht überzeugt sexuell miteinander sein."

Namen sind Schall und Rauch.

Auf die Frage, woran man fußballerisches Talent erkenne, antwortete Dietmar Beiersdorfer (46), ehemaliger Sportchef bei Red Bull Soccer und damit für die Vereine in Salzburg, New York und Leipzig sowie für Nachwuchsprojekte in Brasilien und Ghana verantwortlich, folgendes:
„An der Art und Weise des Bewegungsablaufs und der Leichtigkeit der Ausführung; an der Selbstverständlichkeit, mit schwiergen Situationen umzugehen oder zu antizipieren; an der Fähigkeit, scheinbar unvermeidbare Situationen vermeidbar zu machen bzw. aus dem Nichts Lösungen parat zu haben. Und natürlich an der Ausstrahlung und der Persönlichkeit, also am Charakter."
Daraufhin der Interviewer: „Wo sucht man potentielle Stars am besten? Bei Ajax Amsterdam oder beim SV Buxtehude?"
Dietmar Beiersdorfer: „Das ist wie so oft eine Frage des

Timings. Auch ein Talent hat seinen Lebenszyklus. Sie sind manchmal überall und manchmal nirgends."

Ich mag diese *menschenverlorenen Bilder*, verlassene, von verrosteten Zäunen umsäumte Parkplätze, leere Straßen und dicke weiße Schneeflocken, die langsam vom Himmel schweben.

Als sie Marcello Mastroianni forttrugen („*Addio Marcello*"), als sie Marcello Mastroianni AUS DEM DOLCE VITA IN EINER HOLZKISTE hinaustrugen, klatschte die Menge, und der Bürgermeister von Rom sagte: „Oggi siamo tristi."

Geruch der Papierfabrik *Frantschach* (Kärnten) in einem Waschsalon in *Bowling Green* (Ohio).

Osterschinken, Ostereier, Pinienkerne, Pinze und Knoblauch in Olivenöl anbraten, danach Rucola untermischen und fertig.

Eine letzte Geschichte, die in alle vorherigen einströmt, sich mit allen verbindet, alle vertieft, wie das Erfahren absoluter Gegenwart.

Someone at a lecture asked Suzuki Roshi about psychoanalysts. In answer he said: „You think the mind is like a pond that you throw things in, and they sink to the bottom, like old shoes, and later they rise to the surface. But actually, there's no such thing as the mind!"

Lass sagen, was zu sagen ist, ansonst' zu schweigen diese Welt.

Ich darf mich empfehlen / zu gegebner Zeit

M. träumte von einem *Donautsunami*, der sich außerhalb Österreichs ereignete. „Ich habe geschrieen: Rennt's, rennt's! Absonderlicherweise ist jedoch niemand gerannt. Nur sechs haben überlebt. Ich war die erste, die abgehauen und zum anderen Ufer geschwommen ist, und das seltsame war, dass ich gar nichts mitgenommen habe. Dabei gehöre ich zu denen, die nichts zurücklassen können. Aber im Traum dachte ich, eigentlich ist alles ganz egal. Ich habe sogar jemanden gerettet. Es waren nur Frauen, als ob es sich um eine Mädchenklasse gehandelt hätte. Insgesamt war es gar nicht so grausig."

Echte Wegbegleiter verabschieden sich nur durch den Tod, sagt M.

Kein Vogel käme hier unbemerkt durch, Schiffe dürfen nicht in die Nähe.

Schritte, die fort gehen, Schritte, die heimkommen, Krokusse, heiße Eisenbahnschienen im Süden, nur einmal, wenn du die Augen öffnest, nur einmal, wenn du die Augen schließt.

Was ist das Leben?
Mehr als Licht hinter dem Fenster?

„Was sind falsche Siege und was gerechte Niederlagen?"
„Wenn dich am letzten Tag des Krieges eine Kugel trifft? Wenn die Frau, die du begehrst, deinen besten Freund liebt und ständig mit dir darüber spricht? Wenn der größte Außenseiter ein Rennen gewinnt, auf das du nicht gewettet hast?"

„Um die Dinge klar zu sehen, müssen wir sie akzeptieren, so wie sie sind – wir müssen den ‚Seher' und das ‚Gesehene' als eine Handlung zusammenbringen.

Unser Geist sollte lebendig werden durch die Handlungen des ungeteilten Geistes.
(Wenn wir den ‚Seher' mit dem ‚Gesehenen' wahrhaft vereinigen, zeigt sich alles in seiner wahren Perspektive. Gewöhnlich denken wir von den natürlichen Dingen wie Erde, Flüsse, Sonne, Mond und Sterne als Dinge außerhalb unseres Geistes; tatsächlich jedoch sind diese Dinge Geist selbst. Denke aber nicht, dass alles nur innerhalb deines Geistes ist.) Gib die Vorstellung von Innen oder Außen, Kommen und Gehen auf. Der ungeteilte Geist ist nicht innen oder außen; er kommt und geht frei, ohne anzuhaften. Ein Gedanke: Berge, Wasser, Erde. Nächster Gedanke: ein neuer Berg, Wasser, Erde. Jeder Gedanke ist unabhängig, neugeschaffen, vital und unmittelbar.
Der ungeteilte Geist kümmert sich nicht um groß oder klein, Sein oder Nicht-Sein, Gewinn oder Verlust, Anerkennung oder Ablehnung. Der ungeteilte Geist transzendiert alle Gegensätze. In der buddhistischen Übung ist das Studium des Geistes der Weg, um beständiges, ungeteiltes Handeln jenseits der Welt der Relativität zu erreichen. Wir sollten die Dinge akzeptieren, wie sie kommen – unabhängig und vorübergehend."
[...]
Dies wurde den Mönchen vom Horinji am 9. September 1243 vorgetragen.

Vor Jahren traf ich mich mit dem Direktor einer Wiener Volkshochschule, um einige meiner Ideen, die ich dort zu realisieren beabsichtigte, durchzusprechen. Wir redeten fast zwei Stunden lang, und als ich im Anschluss daran das Büro wieder verließ, hatte ich ein gutes, ja nahezu euphorisches Gefühl, das sich allerdings, wie mir bald darauf einsichtig wurde, auf nichts gründete und auch zu nichts führte. Denn in diesen

zwei Stunden hatte ich mich durch die von mir skizzierten und vom Direktor beklatschten Ideen fantasiert, die dieser ständig erweitert und verändert hatte.
Als der äußerst sympathische Mann ein Jahr danach ins *Filmcasino* versetzt wurde, fand ich das zwar einigermaßen merkwürdig, dachte allerdings nicht weiter darüber nach. Irgendwann trafen wir uns zufällig auf der Mariahilferstraße wieder. Ich erzählte ihm, dass ich in einer Tageszeitung von seiner Versetzung gelesen hätte. Als ich ihn fragte, wie es ihm damit ginge und welches dort seine eigentliche Aufgabe sei, antwortete er: „Ich bin ein weißer Riese."

Nur hören, nur hören, weder die Bäume, weder die Stille, du erinnerst dich, du erinnerst dich nicht.

Es kommen härtere Jahre der allgemeinen Einschränkung, um nicht selbst geboren zu werden.

Etiketten, Formalitäten, zivilisiertes Benehmen, daraus bestehen unsere Befestigungen, die wir mit jedem Gefälligkeitsschwindel uneinnehmbarer machen.

Nach Tagen tiefer Meditation:
Wie fühlt sich das Gras an?
Wie riechen die Blumen?
Wie sieht der Himmel aus und wie die Wolken?
Woher kommen alle Geräusche?
Jedes Geräusch, das auftaucht, kommt aus dieser unendlichen Stille, wie ich sie seit meiner Kindheit nicht mehr erfahren durfte, diese Abgeschiedenheit der 70er Jahre und gleichzeitige Verbundenheit, Schneeflocken, und ich stehe vor dem Haus, der Frühlingswind, und ich stehe auf einer Wiese hinter dem Haus, das Trommeln der Regentropfen auf die

Fensterbank an dunklen Herbsttagen, diese Verlorenheit, Größe und Unbegrenztheit.
Aber nach Tagen der Meditation war es jedes Mal anders; niemals konnte man sich auf etwas verlassen. Einmal passierte es mir, und es war das einzige Mal, dass ich mit dem Wagen nach Zwettl gefahren war, um im dortigen Stift, unter der Anleitung meines Zen-Meisters zu meditieren, als ich plötzlich auf der Heimfahrt die *Gleichwertigkeit und Schönheit* sämtlicher *Außenreize* vernahm. Ich verlor völlig den Kontakt zu deren hierarchischen Notwendigkeiten: In den Rückspiegel schauen, aufs Gas treten, die Bäume neben der Straße, die Felder, Farben, Überholen, die Vögel des Himmels, Blinker einschalten, ich musste umgehend stehen bleiben und eine Zeit lang zuwarten, denn ich war Teil von allem geworden, nicht länger separierbar, war in diese absolute Stille zurückgekehrt. Zugleich fand ich es grotesk, dass diese Empfindung von Weite, Schönheit und Verbundenheit von mir aufzugeben war, – um mit dem Auto nach Wien zu fahren.
Wenn ich jetzt darüber nachdenke, kommt es mir geradezu schwachsinnig vor, dass ich mich nicht einfach auf die Erde gelegt habe, um mich dieser Erfahrung völlig hinzugeben. Stattdessen konzentrierte ich mich auf die Überlandstraße, die Verkehrsteilnehmer, den Rückspiegel, um in meine sozialen Wahrnehmungs- und Interaktionsmuster zurückzukehren, in diesen winzigen, beschränkten und mit Angst besetzten Gesellschaftsverstand.

Monologe offenbaren stets etwas von den Bauplänen unseres Denkens und den Herrschaftsstrukturen, die sich darin manifestieren oder sich inwendig zu etablieren beabsichtigen. Der unaufhörliche Fluss kollektiver und persönlicher *Weltreferenzen*, welcher das Leben kommentiert, interpretiert, darstellt, bewirbt, begleitet, beargwöhnt, anfeuert, hat sich längst schon

verselbständigt. Er kann unserem Denken auch seine Kraft und Frische nehmen, wie die permanente *Medikamentierung* des Körpers dessen Selbstheilungskräfte mindert.
Daraus folgend: Die Sprache als selbstorganisierendes System. Frei fluktuierende Bausteine tauchen nach zumeist nicht bewussten Motivationen auf und verschwinden dann auch wieder, wiederholen sich, drängen erneut in unser Bewusstsein, oft über Tage, vielleicht Monate. Erst deren Bewusstwerdung verändert die Freiheitsgrade unseres Handelns und damit die Flugbahnen unserer Existenz.
Oder auch: Monologe entwerfen unsere Geschichte, die wir ständig repetieren, um den Anschein von Kontrolle über eine unübersichtliche, komplexe und nicht addierbare Welt zu erwecken. Viele unserer Monologe bilden wirksame Mauern gegen die Wirklichkeit, aber sie nehmen uns auch die Luft zum Atmen. Dabei tritt die Außenwelt in den Hintergrund und der eigene Monolog in den Vordergrund; die Außenwelt wird bleich, farblos, unbedeutend, unsere Geschichte hingegen wird auffällig, wichtig, aufgeblasen, unförmig, rastlos, süchtig nach Anerkennung und Lust. Teile daraus verselbständigen sich, geben den Takt vor, vielleicht sogar für Jahre.

Monologe, um der Stille zu entgehen.

Monologe, um die Begegnung mit dem eigenen Wesen zu umgehen.

F.N. kam mit einer Kinderschar die Straße entlang. Als sie an mir vorbeizogen, *die Kinderkarawane*, sagte F.N., Integration sei das Wichtigste im Leben, Integration all der verschiedenen in uns zutage tretenden Kräfte. Ich nickte ihm, am Gehsteig stehend, zu. Im selben Traum trainierte ich mitten in der Nacht vor dem Haus, in dem ich aufwuchs, mit einem Fußball unter den Anweisungen von Peter Stöger, dem Trainer meines Lieblingsvereins, des *First Vienna Football Clubs*. Ein kleiner rothaariger Bub in kurzen Lederhosen wollte mir den Ball abnehmen, aber ich deckte ihn gut ab. Er war zu klein, um mit seinen Beinen an den Ball heranzukommen.

Einkaufszettel: Suppenwürfel, Brot, Wurst und Bio Limo.

Er betrachte die Welt nicht als distanzierter Beobachter, sagte O., sondern als Liebender, er untersuche die Welt nicht, sondern durchstreife sie.

Als Bob Dylan im Fox Theater in Detroit „It's All Over Now, Baby Blue" sang, musste ich, obgleich ich den Song bis zum Refrain nicht erkannt hatte, weinen.

Die Berge flimmern in der Hitze. Die Welt geht jetzt ein wenig fort.

„...und alle Zeiten waren ständig da, um uns willkommen zu heißen."

Mit ein paar Gerüchen zusammen erscheint eine ganze *Alterslandschaft*:
Und den Schädel hoch an einen Baum hängen,
Frühlingstiere bei offenen Fenstern,
und dann reißt es an deinem schwarzen Loch...

Oft sitzt du in deinem Schatten mit einem Vogelkopf.

Als ich etwa sechs Jahre alt war, übte ich oftmals mit meiner Mutter lesen; wenn sie mich dabei richtig stellte, soll ich manchmal gesagt haben: „Lese ich oder liest du?"

Auf einer Postkarte, die ich vor vielen Jahren an meine Eltern adressierte und auf welcher seltsamerweise Babys abgebildet waren, stand zu lesen: „Was noch kommt, das geht schon." Und ich war überrascht, welchen Kalauer ich da fabriziert hatte. Insgesamt konnte ich jedoch die Bedeutung des damals von mir Intendierten nicht mehr ermessen.

Sich niemals mehr mit fremden Federn schmücken.

Immer schon: Hinschauen und Wegschauen zugleich, Lust und Angst. Daraus resultiert, was du bist, wie du recht eigentlich tickst: Aus der vorhandenen Mischung dieser beiden Kräfte.

Wir haben keine psychische Ganzheit, wie wir eine physische Ganzheit haben; wir bestehen aus verschiedenen in uns zutage tretenden Kräften, deren Entwicklungen, Allianzen, Herrschaftsansprüchen usw. In den wenigsten Fällen sind wir uns allerdings dieser Triebkräfte wirklich bewusst, zumeist haben wir keine Ahnung, wie sie zueinander stehen und ob sie nicht viel besser miteinander arbeiten, im Miteinander Frieden herstellen sollten. Diese Mühe machen wir uns selten, weil es unangenehm zu erkennen ist, dass wir vorherrschend aus Neid, Angst, Lust, Gier, Habsucht, Aggression bestehen, ja, gewissermaßen *grundsätzlich* daraus bestehen.

Was sehen wir, wenn wir alle Angst hinter uns gelassen haben? Was, wenn das Bewusstsein voller Klarheit ist, ohne Verwirrung und Konflikt?

Wir halten uns gerne in Geschichten auf, die uns auf eigentümliche Weise suggerieren, wir könnten das Leben kontrollieren, obwohl wir bloß die zu erzählende Geschichte kontrollieren können.

Wir haben es aufgegeben, das Leben als Ganzes zu verstehen.

Die Eltern wurden, in einem Kanu sitzend, in einen Strudel gezogen und verschwanden daraufhin aus meinem Blickfeld. Ich wusste sofort, dass ich, so ich sie retten wollte, auch in diesen Strudel hinein springen musste. Und als ich sie dann Momente später tatsächlich herausgeholt hatte, waren sie zu Fischen geworden, die ich an ihren Schwanzflossen hielt, damit ihnen das Wasser *aus dem Maul* rann, aber sie lebten.

Viele Herbstbilder werden abgeholt und in deine Manteltasche gesteckt.

Die Rache an einer Gelse um sechs Uhr in der Früh. Teile der Flüge, der Beine, des Körpers kleben an deinen Handinnenflächen. Wenn draußen die Krähen schweigen, meinen sie dich.

Wie empfinden Sie den Moment, wenn Sie den Schritt ins Leere machen? Der Base-Jumper Felix Baumgartner antwortete darauf: „Es war totenstill um mich. Ich hatte die ganze Nacht nicht geschlafen. Ich werde mich an diesen Moment nie gewöhnen. Es geht ums Ganze. Das relativiert sich nie."

Traum: Ich schwamm in einem See, der währenddessen austrocknete; ein Baby machte Schwimmbewegungen, und der See war wieder da.

Seele: das altgerm. Wort (mhd. *sêle*, ahd. *sêla*) ist wahrscheinlich eine Ableitung von dem unter *See* behandelten Wort mit der Grundbedeutung „die zum See Gehörende". Nach alter germanischer Vorstellung wohnten die Seelen der Ungeborenen und Toten im Wasser (in bestimmten Seen?).

Du ziehst den Vorhang langsam beiseite, siehst zum Fenster hinaus, und während du dich nach wenigen Augenblicken gerade wieder vom Fenster wegdrehst, fällt dir deine Nachbarin ein, als du vor vielen Jahren mitten in der Nacht erwachtest und aus einem geheimen Grunde zum Fenster gingst, um hinauszusehen, um was zu suchen?
Und aus dem winzigen Fenster der Dachgeschoßwohnung vom Haus gegenüber sahst du deine Nachbarin mit ihren vielen langen – und wie du wusstest: feuerroten – Haaren. Du hattest das Gefühl, dass sie dich ansah, aus irgendeinem Grund sogar darauf gewartet hatte, dass du mitten in der Nacht ans Fenster kamst – um dir was mitzuteilen?
Nur dieser riesige Kopf, dieser durch die Haare riesig wirkende Kopf, der dich anvisierte. Mitten in der Nacht. Du konntest ihren Blick an dir haften spüren, zogst den Vorhang wieder vor das Fenster, und dein Herz raste wie verrückt.

Der marokkanische Zen-Meister Claude Durix hatte seinen Meister, der auch ein Meister des Schwertes gewesen war, einmal gefragt, was denn die „Kunst des Schwertes" ausmache, worauf dieser geantwortet haben soll: „Man darf das Schwert nicht zuviel bewegen."

Nicht nur dass du Geschichten für bestimmte Zweckzusammenhänge konstruierst; du brauchst zugleich die Fähigkeit zur Dekonstruktion derselben, damit du deren Tendenz, sich absolutistisch zu gebärden, zu durchkreuzen vermagst. Du musst jeder Geschichte und jedem Gedanken mit großer Aufmerksamkeit und großem Mitgefühl beiwohnen, sodass sie sich schlussendlich in Licht auflösen und dir mehr an Raum und Sehen (an Seele?) zur Verfügung steht.

Nebel verhangene Straßen, geräuscharme Tage und Vertrauen, das sich auf nichts gründet.

Das Sein geht dem Tun voraus.

Rigatoni napoletani mit einem Pesto aus Ruccola, Knoblauch, Pinienkernen, Cashewnüssen, Olivenöl und ausreichend Parmigiano.

Damit sich die Synapsen ändern, muss viel vom Gleichen passieren. Sagt wer?

Butter in der Pfanne erwärmen, kleingeschnittenen Radicchio hinzugeben und warten, bis er bräunlich wird. Dann Ricotta und Sahne hinzugeben, das Ganze mit Gemüsebrühe, Salz, Pfeffer (evtl. Muskat) abschmecken und fertig.

Und die Menschen kommen uns mit ihren Erwartungen und Bildern und Urteilen von unserem wie auch ihrem Leben und dem Leben im Allgemeinen entgegen, und wir lassen dies leider viel zu oft zu. Damit berauben wir uns all der Frische, die sich ständig aus der Gegenwart heraus gebiert.

War mit M. im Bett, als plötzlich ein Tisch durch die Wand hindurch brach, an dem ein Pärchen saß. Als M. meinte, wir würden gerne allein sein, reagierte die Dame, die ein wenig aussah wie die Schauspielerin Dagmar Koller, recht unwirsch und sagte *Papperlapapp*. M. bestand drauf und erklärte ihr, ich flöge schließlich bald nach Chicago. Alsdann fragte sie mich: Was sind Sie denn dort, Assistent? Und setzte nach: Das ist doch nur ein Zwischenstopp auf Ihrem Weg nach Honolulu.

Eine Frau mit stark zerfurchtem Gesicht und einer Ferrarimütze am Kopf steigt in die Straßenbahn ein; du möchtest wissen, wann der Mann, der dir gegenüber sitzt, sein Gesicht angenommen hat.

Der Herzschlag setzt dir zu und sammelt sich zu deinen Füßen.

Leere Hektik von Wunschgedanken, und auf dem heißen Asphalt brennen die nackten Füße.

Antilopen auf einem Fußballfeld.

du gehst schneller / drehst dich nicht um / Unsinn / du drehst dich um / siehst zurück / siehst nach vorne / alle Richtungen drehen sich / um dich / drehen sich nicht / um dich / dann gehst du weiter / erst dann gehst du weiter / das ist alles / wenn du weiter gehst / erst dann

Einen lebendigen Menschen kann man nicht verraten; verraten kann man nur dessen *Ideologeme*, die unsere Identitäten bestimmen und deren Handlungsanweisungen wir auszuführen haben.

T-Shirt, auf dem steht: *Fuck Identity*!

Der US Konzept-Künstler Richard T. Walker bespricht, besingt und beklatscht Landschaften. Bravo!

Das Williams-Beuren-Syndrom, eine seltene Erbkrankheit, lässt in den Betroffenen keinerlei Furcht vor anderen Menschen aufkommen, sie gehen voller Vertrauen auf andere zu und bilden zudem keinerlei Stereotype andere Ethnien betreffend.

Eins ist sicher: Das Comeback des Jahres 2010 in meinem Mund- und Geschmacksraum feierten die *Manner Neapolitaner Schnitten* (Waffeln).

Die meisten Gelegenheiten, die uns auffallen, treten in irgendeiner Art von Arbeitskleidung auf.

Aber der Himmel war schön, und das Leben hielt uns in guter Laune.

Es sind die Bewegungen, die uns verraten.

In Porto Santo entdeckte ich plötzlich ein Objekt am Himmel und dachte: Schön, dass ihr jetzt endlich da seid!

Und Anna tanzt sonst nie.

Der Blick fällt auf makellose Abfindungen.

In alten Notizbüchern fand ich den Satz: Vielleicht sind wir gar nicht so traurig, wie wir denken.

Wer lebt, ist nie allein.

„Das Gehirn hat keinen Vorstandsvorsitzenden." (Wolf Singer)

Offene Umarmungen

Es gibt keine allgemeine Straßenkreuzung.

„Die Philosophie des Lebens ist in der Atmung zu finden."
Du atmest die Wünsche, die Liebe, die Angst all deiner Mitmenschen ein.

Warum bist du nicht du selbst?
Was hindert dich daran?
(Old Dragon?)

Ein Wort reicht aus, um das gesamte Muster (Minenfeld) eines Gedankenfeldes und dessen innewohnender Energie aufzurufen (*und dich zu besetzen...*). K'anchaq Uma Juan hat einmal gemeint, dass man manchmal, um wachsen zu können, ein ganzes Gedankenfeld wechseln müsse.

Indem man seiner Freude folgt,
bringt man sich auf eine Spur
und das Leben, das man führen sollt'
wird genau das Leben, das man führt
„Ich bin großspurig,
weil ich im Luxus bade,
der bodenlos ist..."
(diese Leben / in einem / unablässig)

Probleme wandern dorthin, wo Entscheidungen zu treffen sind.

Eine echte Einladung stellt keinerlei Bedingung.

Du setzt dich solange fort, bis du keine Ankunfts- und Abfahrtszeiten mehr zu lernen hast.

Ein Bild, welches ich immer wieder vor meinem *Inneren Auge* sehe:
Ich stehe vor dem Haus, in dem ich aufwuchs. Genauer gesagt, vor einem Iglo, das wir Kinder gerne gebaut haben. Dicke Schneeflocken fallen langsam vom Himmel, und die Stille, in die ich versunken war, ist grenzenlos. Auch die Sterne rücken ins Bild.

Nur manchmal Schritte unter den Pelzstiefeln.
Irgendwann verstand ich, dass es sich dabei um ein *geistiges Bild* gehandelt hat.

Menschen, die in ihren Wohnungen herumgehen, Lichter, die an- und ausgehen; manchmal sehe ich mich an der Hand meines Vaters. Schneeflocken kommen dicht und sehr langsam vom Himmel herunter. Aus dem Wohnzimmerfenster sieht Mutter zu uns heraus. Es herrscht eine unglaubliche Stille. Nur hin und wieder wird sie von den Schritten, die wir machen, durchbrochen, man hört vereinzeltes Kinderlachen. Es gibt kein Davor und kein Danach. Es ist da, als ob es meins wäre, zugleich aber auch nicht. Ich betrachte meine kleinen Hände, die ich ausstrecke, diese winzigen Finger, auf welchen die Schneeflocken landen. Als ob es sonst nichts auf der Welt gäbe, diese weite Verlorenheit und unendliche Geborgenheit.

Wer da?
Wer da?
Ekstase Freude Stille Unschuld Schönheit Liebe

„Materie gibt es nur als Tendenz." (Bruce H. Lipton)

„Ich muss jetzt das Zimmer zusammenkehren, damit die Arbeit nicht ausgeht."

Eine blasse, etwa zwanzigjährige Frau mit langen blonden Haaren, üppigen Brüsten und einer Kalligraphie auf der Stirn, deren Sinn ich nicht verstand, erregte sich, weil ich den auf ihren Schultern hockenden Vogel (Nebelkrähe) irrtümlich angezündet hatte, während wir langsam in einer Gondel einen Berg hinauffuhren.

„Ein Meister durchkreuzt alle Erwartungen", sagt O.

Du lebtest einmal in einem Mantel, lebtest in deinen langen nassen Haaren, an den „Exzessen des Augenblicks" (wenn überhaupt!).

for a few moments at the endless surface of being particles of consciousness shifting there is no goodbye & no journey no surface at all
„Gewonnene Zweikämpfe im Niemandsland persönlicher Auseinandersetzungen..."

Wahre Geschichten ändern sich nie, sagt M.

Sie träumte davon, ein Mann zu sein, und er träumte von einer Frau, die ein Mann war, und visierte ihr Geschlecht an, das er unter ihrer Bikinihose als Penis auszumachen beabsichtigte.

Stefan Zweig, der am 22. Februar 1942 gemeinsam mit seiner Frau im Brasilianischen Exil eine Überdosis *Veronal* einnahm, schrieb in seinem Abschiedsbrief, dass die Welt seiner eigenen Sprache untergegangen sei und die *geistige Heimat Europa sich selbst vernichte*. Als ich diese Sätze las, spürte ich Tränen aufsteigen.

Du musst die Energie eines Ereignisses treffen, wenn du darüber schreiben willst.

Unter dem *Kalte Rinne Viadukt* im Adlitzgraben (Semmeringgebiet) notierte ich die Berufsvorstellung: *Aussichtswärter* – birds of humbug kidding my soul...

Schwindel und Größe fallen zusammen.

A: Was unterrichtest du?

B: Nur, was ich nicht weiß.

DRIVING = MIND FEEDING

...ich glaube, immer beobachtet zu haben, dass der sogenannte realistische Mensch in der Welt unzugänglich dasteht, wie eine Ringmauer aus Zement und Beton, und der sogenannte romantische wie ein offener Garten, in dem die Wahrheit nach Belieben ein und aus geht... (Joseph Roth)

With The Eyes Of Los Angeles

Wahre Selbstoffenbarung hat niemals etwas Geschmackloses an sich, weil *die Sonne der Transparenz* sämtliche egoistischen Züge (welche vornehmlich unsere Anwesenheit auszubreiten gedenken) verbrennt.

In Österreich wurden im Jahre 2009 bei Krankenständen allein durch psychische Leiden zweieinhalb Millionen Fehltage (sic!) verursacht.

Vielen von uns ist es gelungen, sich im Leben völlig zu verrennen.

Alles hinterfragen, *was man geworden ist*.

Meine Heimat ist dort, wo ich mich gerade aufhalte, um zu überleben.

Wanderungen durch uralte Bücher, tief in die Gebräuche unserer Völker vordringen, sich auf eine Reise begeben, *tritt ein in den Kreis uralter Vorstellungen, folge dem Gott der heißen Sommertage*, der die Berge und Ebenen durchstreift, *singe die*

Lieder der Vorfahren, der Bäume, der Wälder, Wiesen und Täler, *etwas weiter, noch etwas weiter,* dann fallen auch die letzten Träume dem Schneefall zum Opfer.

Wäsche waschen.
Licht holen.

Ich trinke aus Trägheit und Langeweile.

Die Sprache / dreht sich / mit dir / alle Welten / ohne dich / immer schon

„Ich ruf dich schon wieder an, obwohl ich gar nichts zu sagen habe – aber dafür bist du ja da."

Wenn Freunde etwas über ihn erzählten, glaubte der Schriftsteller anwesend zu sein in deren Geschichten: *Gesichtszüge, die mit dem nächsten Windstoß bereits wieder verschwunden waren.*

Tiefe Zuneigung dem Leben gegenüber.

„Du wirst durch das Auftreten attraktiver Gesichter wiederbelebt."

Du wolltest stets davonlaufen, wenn sich dein Wesen aufspannte – durchdrungen von euphorischer Grenzenlosigkeit.

Nach welchen Regeln erfolgen eigentlich unsere Gedankenwanderungen?

Vertraue deinen Bildern, denn sie gehören zu deinem Weg.

Traumwesen, mit diesem Begriff erwachte der Schriftsteller,

wusste aber in diesen ersten Sekunden des Tags nicht zu sagen, worauf sich das bezogen hatte.
Waren wir nicht alle Traumwesen?

Schluchten, in die meine Ahnen stürzten / (*Subjektgeflüster*)

Wer / spricht / hier / zu wem / überhaupt

Du, dieser traumlose Traum...

Was bedeutet es, wenn ein neuer Gedanke in dir zum Erblühen kommt?
Was sagte es über dich aus?
Und was über den Gedanken?
Dass die Bedingungen gegeben sein mussten, damit er sich manifestieren konnte, wie es der aus Zentralvietnam kommende Mönch, Autor und Friedensaktivist Thich Nhat Hanh höchstwahrscheinlich so formuliert hätte?

Als ich im Traum meine Eltern besuchte, war das Haus, in dem sie so lange gewohnt hatten, abgerissen. Die Eltern waren besorgt darüber, wie ich das aufnehmen würde. Sie wollten das Haus nun mit den anderen Parteien wieder aufbauen, sagten sie, aber *ihren Vorstellungen entsprechend*.

M. und ich sitzen im *Pinecrest Diner – San Frans favorite breakfast since 1969* und schauen uns, während wir frühstücken, das Fußballspiel Hoffenheim gegen Schalke 04 an. Beide essen wir Speck mit Spiegelei, dazu Toastbrotscheiben im September 2010.

Der Schneehänge teilhaftig zu werden in meinem Inneren.

Irgendwann bemerkte der Schriftsteller, dass die Geschichten, die er erzählte, lange schon nicht mehr von ihm handelten.

Auf einen Sprung zur Erlösung; stets einen Sprung davon entfernt.

Die Lust wandert mit dem Augenblick.

Dann sah der Schriftsteller seine Frau auf ihn zukommen, konnte sich jedoch nicht an sie erinnern, so schön war sie, *die voller Überraschungen funkelte*, während er am Küchentisch saß und schrieb.

(hanging around like Jim Morrison)
Menschen aus allen Erdteilen
beklatschen den Grand Canyon
beklatschen das Monument Valley : cathedrals of stone
ich erkenne ganze Städte wieder
als lebten in einem alten Traum
Monumente unpersönlicher Kulturen
und wie winzig das alles war unter dem grenzenlosen Himmel...
„Warum spreche ich überhaupt noch und falle nicht sofort in den nächsten Film?"

In der einen Nacht in Las Vegas träumte ich davon, in einer der Spielhallen festgehalten zu sein, wo ich an einem *Einarmigen Banditen* um 1 Cent-Beträge spielte.

Es gibt Menschen, die etwas darstellen, und Menschen, die richtungslos geworden sind.

Wenn ich heute trinke, ist das, als ob ein alter Bekannter auf einen Sprung vorbei kommt, um mir Hallo zu sagen.

Begegnungen folgen keinen Lehrplänen.

Die Gesellschaft zwingt dich dazu, Geschichten zu erzählen, um kontrollierbar zu bleiben. Eine wirkliche Geschichte jedoch ist niemals kontrollierbar.

Es gab eine Zeit, in der die Menschen alles taten, um ihre in alle Richtungen überstrapazierten Geschichten (die längst jeden Grund verloren hatten) anzubringen, und ausgefallene Neigungen differenzierten das Menschsein.

Aufregung liegt in der Luft.

Momente der Behauptung: wenn er als Kind an den langen Winternachmittagen die Flugweiten der Schispringer mitgeschrieben, oder später, als er die ersten Videokassetten beschriftet und diese in einem Katalog akribisch aufgelistet hatte.

Aber die Unbewusstheit völlig hinter sich zu lassen, führte, so dachte der Schriftsteller, zu einem Seinszustand, der sich irgendwann nicht mehr herablassen würde in die Niederungen von *Handlung und Konsequenz* (Erregung, Verzweiflung, Euphorie, Wut...), da konnten *die Einflüsterer vergangener Tage*, die sein Leben ständig mitbestimmt hatten, sagen was sie wollten.

Was blieb, war eine untergegangene Kultur.

Irgendwann verstand er auch, dass das *Geheime Buch*, an dem er fortwährend *in seinem Inneren* schrieb, nur dazu diente, aus seinem *Alptraum* herauszufinden, der aus vielen grotesk aufgeblähten Einzelinteressen bestand, die sich ununterbrochen

in völliger Bewusstlosigkeit vermengten, bekriegten und verdrängten, viele davon waren bloße *Auswüchse, Verzerrungen, Fratzen* seiner Verstandestätigkeit. Und desgleichen verstand er, dass es sich dabei nicht um ein geheimes, sondern um ein allen zugängliches Buch handelte – selbst da es noch ungeschrieben war. Denn das Geheime entsprang einzig seiner Verstandestätigkeit, war eine Finte derselben.
Eine Finte wofür?
Für weitere Gedanken, die er sich machen und denen er nachhängen konnte, so, von einem Jahr zum nächsten, von einem Gedanken zum anderen, dennoch stets auf einem Sprung zur Erlösung, einen Sprung davon entfernt?
Einen Gedankensprung?
Mitnichten.
Gedanken konnten ihn nicht erlösen. Das war ihm mit den Jahren, in denen er eben dies versucht hatte, klar geworden.

Menschen, die einander streifen, *Blicke, Gedanken, Träume.*

„Um Himmels Willen!"

Ich kann nicht sagen, wer ich in diesem Moment bin. Auch nicht, wer ich im letzten Moment gewesen sein mag.
Dein Geist: ein Vogelschwarm, ohne Anführer?
Woher die Direktiven?
Woher kommt dieser Gedanke?
Hast du ihn dir angelesen?
Wo ist sein Ursprung?
Wer spricht da überhaupt?
Das Denken hinter dem Denken?

Am Weihnachtsabend mit den Sternen zu wandern und mit den Tieren zu sprechen, das liebte ich.

Weitere Momente der Behauptung: als Toter auf einem Schiff aufgebahrt zu werden, das in den Ozean – sowohl Ursprung der Welt und Ursprung aller Götter – entlassen wird, und am Ufer stehen deine Männer und schießen Brandpfeile auf das Schiff.

Als ich vielleicht zwanzig Jahre alt war, schrie mich einmal ein Erwachsener an (ich hatte betrunken etwas vor mich hin gebrabbelt): *Du bist ja nicht ganz dicht, du bist ja wirklich nicht ganz dicht.* Wenn mir später diese Szene einfiel (und sie fiel mir in regelmäßigen Abständen ein!), schlug mein Herz heftig und Schweißtropfen standen mir auf der Stirn. Aber irgendwann verstand ich, dass der wahre Sinn dieses Bildes bedeutete, *offen* zu bleiben für das Leben! Denn jenen, die ganz dicht sind, wusste ich in diesem Moment, spaltet irgendwann das Leben mit einer Hacke den Schädel auf.

Durch einen Wald flog ein Vogel in einem Bild, das von innen kam.

Erinnerte mich an den Begriff *Erbschleichersendung*, in den 70er Jahren gebräuchlich für eine Radiosendung, in der man die Eltern, Großeltern, den reichen Onkel, die alleinstehende Tante oder wen auch immer mit einem Geburtstagslied grüßen lassen konnte.

„Du bist außerhalb, du hast keine Ränder."

„Wenn ihr euch nicht sputet, macht meine Frau ein Tam-Tam."

Es sind die Bewegungen, die uns verraten.

Ich wollte nie einen Namen tragen, wollte nie einer Gruppe angehören, nie ein Stammgast in irgendeinem Beisl sein. Keiner literarischen Neigung wollte ich je angehören. Wie der Wind wollte ich stets sein. Dies betrachtete ich als mein wesenhaftes Erbe.

Ich lebe in der Zeit, aber ich lebe auch in keiner Zeit.

Bewusstheit, Klarheit und Seinsverbundenheit sind die angestrebten Parameter meines Schreibens.

Bücher sind stets eine Bündelung mentaler Kräfte.

Arbeit mit Symbolen, die ganz alte Teile (Tiefen) (uralte Stimmen) in uns ansprechen, sich „umfangreicher" (*in ihrem Umfang reicher*) an uns wenden.

Es gilt, die Qualität von Erkenntnissen und Begegnungen anzuheben.

Tiefe Verbundenheit der Einzelteile und ausreichende Distanz, um aufzunehmen und nachzudenken, zu entwickeln.

Es gilt, in einer mitfühlenden Sprache zu schreiben und natürlich geht es darum, Konflikte oder auch schwierige Gefühle anzunehmen, sie bewusst zu machen, sie mitfühlend zu betrachten, um sie dann wieder ziehen lassen zu können.

Wer ist der, der spricht, und der, welcher antwortet?

Was bedeutet es, wenn du von einem Gedanken oder einem Erlebnis absorbiert wirst?
Bist du dieser Gedanke, oder blüht und gedeiht ein Gedanke in

dem, was du gerade wahrzunehmen imstande bist, Ausschnitt oder Umfang des Wahrnehmenden und Wahrgenommenen, Zone der Interferenz, darin auftretende Gefühle.
Bin ich dieser Gedanke, der da jetzt gelesen wird?
Wer da?

Klare Gedanken sind ohne Gier. Sie fußen tief in der Erde und reichen bis in den Himmel. Sie sind mit allem Leben verbunden.

Muss man einen Gedanken nicht bereits verstanden haben, um ihn zu verstehen? Also handelt es sich in Wahrheit um bloßes Wiedererkennen?

Anger is some kind of flower, sagt Thich Nhat Hanh in einem Gespräch mit Ram Dass, das die beiden im Jahre 1995 geführt haben.

Alle falschen Gesichter (für Funktionszusammenhänge jeglicher Art geformte, folglich *alle Gesichter*), die wir (und andere) uns selbst gegeben haben, die wir (und andere) angenommen haben, *sind mit Aufmerksamkeit anzunehmen*, um sie damit zugleich auch aufzulösen. *Erleuchtung* bedeutet somit, *kein Gesicht mehr zu machen*.

Der Österreicher liebstes Essen im Jahre 2010: Frittatensuppe, Wiener Schnitzel und Kaiserschmarren.

Meditation ist Bewusstheit ohne Beschränkung.

Mir träumte, dass ich das *Ehrendoktorat der Volksschule Wolfsberg* bekommen hatte.

Wir müssen Dinge auswählen, die uns gut tun, Geschenke, die uns glücklich machen.

Durch deine Gegenwart nährst du die anderen.

Dieses Buch, dessen Titel sich über die Jahre mehrmals verändert hat, empfand ich stets als ein mein Leben und Schreiben begleitendes *Arbeits-, Traum- und Gedankenjournal.* Es sammelte sich in den Jahren darin schon so einiges an; vieles musste seinen Platz auch wieder räumen.

„Verschwende keinen Gedanken an mich!"

Wort des Tages: Modesalon.

Der begrenzte Schriftsteller denkt sich dieses und jenes aus, wird von diesem oder jenem angeregt und schreibt darüber seine Romane, Geschichten, Essays oder Theaterstücke. Ihm geht es vor allem darum, etwas besser zu machen, Gedanken, Geschichten oder Personen seinen Vorstellungen gemäß darzustellen, Spannungen herzustellen, Lebensverweise, Interessen, Wahrnehmungen und öffentliche Haltungen zu kreieren. Dabei lebt er klarerweise von den Erwartungen und Enttäuschungen einer storyhungrigen oder inhaltsdürstenden Leserschaft.

Der unbegrenzte Poet jedoch nimmt alles auf, was ihm der Augenblick beschert. Dabei muss er fortwährend die eigenen, sowie auch sämtliche fremden und kollektiven Meinungen, Urteile, Vergangenheiten, die in seinem Kopf um ihre Aufführungsrechte streiten und dabei heftig um ihre Existenzberechtigung kämpfen, über Bord werfen. Der begrenzte Schriftsteller macht ein bestimmtes oder bestimmendes Gesicht, die besten unter ihnen sogar tausend bestimmte oder bestimmende

Gesichter für die Unendlichkeit und Unerschöpflichkeit des Seienden. Aber verständlicherweise leiden sie trotzdem am steten Zuwenig, an der Winzigkeit des zum Ausdruck gebrachten; der unbegrenzte Poet jedoch macht keinerlei Gesicht mehr und er will auch nichts mehr besser machen. Der Akt des Schreibens ist ihm wie das Verfertigen einer Kalligraphie für den Kalligraphen: Das Auf- und Annehmen einer Kraft, die sich momentlang in einer historisch sozialen Wirklichkeit ausbreitet, um sodann wieder verschwunden zu sein, als hätte es sie nie gegeben. Der unbegrenzte Poet ist richtungslos geworden und er leidet auch nicht. Von einer so genannten Leserschaft wird er nicht wahrgenommen, und die Kritik wirft ihm, so seine Elaborate überhaupt an eine Öffentlichkeit dringen, häufig einen Mangel an sozialem Gewissen vor, sein, wie behauptet wird, *Elfenbeinturmgehabe*. Sofern er dennoch ausgezeichnet oder *bepreist* wird, dann vielfach eben für seine *haltlose Haltung*.

Fremdheit, eigenartig, vertraut.

Der Kontakt ist das erste geistige Gebilde, sagt Thich Nhat Hanh. Ein geistiges Gebilde bedeutet, dass ein von unseren Sinnen wahrgenommenes Objekt nicht als etwas Eigenständiges oder Abgetrenntes existiert, sondern sich erst durch das Zusammenwirken verschiedener Elemente des Seins manifestiert. Eine Blume, um ein Beispiel zu nennen, braucht die Erde, Wasser, Sonne, sie benötigt Raum und Zeit, um sich zu manifestieren.

Dieser Kontakt, der aus dem Zusammentreffen von Sinneswahrnehmungen und Objekt besteht, führt zu einer Vibration im Unbewussten, das in der buddhistischen Psychologie als *Speicherbewusstsein* bezeichnet wird, manchmal auch als *Ozean des Bewusstseins*, dessen Funktion die Aufbewahrung und ständige Veränderung von Information ist.

Ein so genanntes Objekt trifft zum viertausendsten Mal auf deine Sinneseinrichtungen, die diesen Kontakt firmieren und dich gleichsam an der Hand zu einer bestimmten Handlung verführen.

Du fragst dich: Was sind ein paar Tage?
Was 2222 Sommertage?
Was ein Menschenleben?
Wozu diese Frage?

Was, wenn in wenigen Momenten alles nichts mehr wert ist und alles verschwunden,
worauf du dich ein Leben lang bezogen hast?
Wer trägt dann die Krone?
Natürlich *du*,
steter *Höhepunkt des Seins*,
in all seinen Katastrophen
und Siegen,
gibst keine biografischen Antworten,
weil du keine Grenzen kennst.

Dass einer deiner Freunde in einem Hotel irgendwo in den Bergen Nordamerikas seine Biografie auf eine Tafel schreibt und zeichnet, damit seine Firma sich ein umfassendes Bild von ihm machen kann (wo er gerade steht und was er sich von der Zukunft noch erwartet), wirst du plötzlich, *als eigens für dich getan*, verstehen.

Wenn du dich selbst wirklich liebst, liebst du zugleich alle Lebewesen, alles Sein; aber wenn du den anderen anfeuerst, feuerst du sein spezifisches Streben an, eure gemeinsame Euphorie.

„Du musst für die Höhepunkte, die du in deinem Leben anstrebst, natürlich auch bezahlen."
„Ja, wenn man sich in Höhepunkten und Niederlagen zu denken gezwungen fühlt."

Wahrheit ist persönlich, lebendig und grenzenlos.
Die von außen kommende Wahrheit, von einer Gemeinschaft oder von einzelnen verabreichte, hingegen geregelt, begrenzt, funktional und fiktional.

„Jedes Spiel bringt neue Erkenntnisse."

Durch kontinuierliches Bekräftigen – welches Weges auch immer – wird dieser Weg vermehrt; vermehrt trifft man demzufolge Menschen, die einen ebensolchen oder zumindest in Grundzügen ähnlichen Weg gehen.

Die Leere gewinnt immer mehr an Kraft und entzieht dabei Menschen, Tieren, Pflanzen ihre Substanz – *Schatten, Träumen oder Wolken gleich ziehen sie vorüber.*

Je lauter du schreist, umso besser hört man dich, aber es muss dir klar sein, dass dich nur solche Menschen hören können, die eigens dafür ausgebildet wurden.

Nur extreme Formen der Auffälligkeit führen zur Zuwendung: Nähme man den Menschen ihre Abnormitäten, ihre Verzerrungen und Fratzen, was bliebe dann?

Wenn du aus dem vollen Geist handelst, gibt es keine Relativität.

„Hast du dich nie gefragt, warum dich alle von ihren Leben überzeugen wollen?"

„Ich lasse mich während des Schreibens treiben, nehme auf, was mir entgegen kommt, folge der Fährte eines Gedankens oder der Witterung eines Menschen, dem Rhythmus oder der Kraft einer Wahrnehmung, vielleicht nur einem Lichteinfall."

„Hast du dich nie gefragt, warum alle danach begehren, sich in deine Geschichten zu mischen, statt mit dir den Augenblick zu genießen?"

Dank für verschiedene Formen der Anregung, Inspiration und Unterstützung allen im Buch namentlich angeführten oder auch nur atmosphärisch auftauchenden Personen, Tieren oder anderen Wesenheiten – Gedanken, Wiesen, Bahnübergängen, Sternen...

Aus dem Traum heraus scheint alles geboren; in den Traum hinein scheint alles zu verschwinden. *Träumende? Projektor? Leinwand?*

DIETER SPERL
Random Walker
Filmtagebuch

ISBN: 978-3-85415-378-8
272 Seiten
Hartband mit SU

Dieter Sperls „Random Walker" zählt zu den nachhaltigsten österreichischen Prosawerken jüngerer Zeit, weil es hier einem Ausnahme-Autor gelingt, aus Worten Assoziationen, Alltagsschilderungen, Bilder zu schaffen, die haften bleiben, lange. Das Leben ist ein Film mit vielen Rissen, Sperl belegt es, mit einem hochkarätigen Book-Movie.

Werner Krause, Kleine Zeitung

ein buch voller erzählungen. als filmtagebuch erfindet es sein eigenes genre, eine literatur, die filme aufsaugt, bruchstückhaft, und diese zu storys verdichtet, die ihren zusammenhang sowohl im widerschein des filmischen haben wie in der tatsache, dass allen geschichten eine ganz eigene wahrnehmungs- und erzählweise eignet. (...) man wird nicht so bald aufhören können, darin zu lesen, sich vorwärts und rückwärts durch den text zu bewegen...

Herbert J. Wimmer, Kolik

DIETER SPERL

absichtslos

Roman

ISBN: 978-3-85415-414-3
136 Seiten
Hartband mit SU

Sperl protokolliert Szenen des Wiener Alltags, seine Erzählungen speisen sich aus Erinnerungen an vergangene Begegnungen und Erlebnisse, nächtliche Träume und überwundene Krisen, von denen die unterschiedlich oft wiederkehrenden Figuren – Künstler, Frühpensionäre, Asylbewerber, Angestellte – sich oder einem Gegenüber, Zeugnis ablegen. Es wird vom Tod erzählt, von Obdachlosigkeit und Einsamkeit, von drohendem Wahnsinn und Lebensangst, doch stets scheu, in leisen Zwischentönen, eingebettet in Gespräche über Waldviertelknödel und Avocadocremesuppe, über Turnschuhe und Kätzchen, als könnte der ihnen innewohnende Schrecken durch den profanen Alltag gebannt werden.

Martina Wunderer, Literaturhaus Wien

Sperls vielfältig-gleichmäßige Beobachtungen, Stimmungen, stillen Protokolle und Träume bilden ein Gesellschaftsporträt, das weit über Wien hinausweist.

Wilhelm Hengstler, Korso

www.ritterbooks.com

Ex 1,50